대한민국 성공 재테크

부동산펀드와 리츠로 승부하라

김영준 지음

가림출판사

책머리에

 2004년에는 부동산 간접투자 상품이 거의 매달 쏟아져 나왔다. 6월부터 부동산 펀드가 나오기 시작하여 CR 리츠도 나오더니 선박펀드, 부동산 경매펀드 등 특이한 물건을 대상으로 한 펀드들도 계속 나오고 있다. 물론 큰 인기도 얻었다.

그러나 새로운 상품에는 항상 높은 수익성만 강조되고 위험성은 좀처럼 공개되지 않고 있다.

사실 한두 번 실패해도 큰 지장이 없는 부자들에게는 별 문제 없는 내용들일 것이다. 그러나 이런 인기에 편승하여 앞으로 우후죽순 격으로 생겨나는 정체불명의 각종 펀드에 일반인들이 가입하여 큰 낭패를 보거나 손실을 보게 되면 사회 문제가 되지 않을 수 없다.

건설회사와 금융회사, 부동산회사 등에서 오랜 직장생활을 마치고 수년째 대학의 평생교육원과 백화점 문화센터 등에서 부동산 재테크와 법원의 경매 과정을 강의하고 있는 필자가 그때마다 느낀 점은 일반인들이 부동산의 특성에 대해 너무 모른다는 것이다.

필자는 재테크 강의를 하면서 부동산 펀드와 리츠에 대해 많은 주의를 주었다. 리츠의 태생부터 모순과 위험이 많았기 때문이다. 그러나 2005년 4월부터 바뀐 법에 따라 일반 리츠도 활성화 될 전망이고, 부동산 경매펀드 등 전반적으로 펀드가 활성화되는 시점에서 이에 대한 책이 필요하다고 느꼈다.

시중에 나와 있는 책들은 추상적인 리츠제도의 설명만 담고 있을뿐 우리 나라 부동산 펀드의 전체적인 내용이나 리츠의 상품 소개 및 배당실적 등에 대한 구체적인 설명이 없어 일반 투자자들이 상품을 이해하는 데에 많은 어려움이 있었다. 이에 이 책에서는 다음과 같은 내용으로 일반인들도 이해하기 쉽게 구성하였다.

제1장에서는 부동산 간접투자 상품이 나오게 된 배경과 종류, 특히 부동산투자신탁과 리츠를 구별하여 설명하였다.
제2장에서는 은행의 부동산투자신탁을 대신하여 나온 부동산 펀드에 대하여 설명하고 있다. 이와 함께 이미 판매된 대부분의 부동산 펀드를 종류별로 설명하였고, 향후 부동산 펀드 투자시 주의점 등도 정리하였다.
제3장에서는 리츠제도의 개념과 구조를 간략히 설명하였다.
제4장에서는 외국의 리츠제도를 소개하였다.
제5장에서는 현재 발매되고 있는 우리 나라의 모든 CR 리츠 10개에 대해 상세하게 상품설명을 하였다. 즉 공모경쟁률과 예상 수익률, 투자상품의 개요 등을 사진과 함께 수록하고 설명하였다. 또한 2005년 4월부터 활성화될 일반 리츠제도에 대한 부동산 투자회사법 개정내용을 소개하였고 이 법에 따라 일반 리츠가 활성화될 것인지를 논하였다.
제6장에서는 최근 큰 관심을 끌었던 부동산 경매펀드 발매회

사의 상품 소개내용과 함께 주의점을 설명하였다. 법원 경매 분야를 수년 동안 강의하고 컨설팅을 해온 필자로서는 여러 가지 짚고 넘어가야 할 내용들이 많았다.

제7장에서는 선박펀드를 소개했다. 부동산이든 선박이든 그 상품내용이니 운용과정을 일반인들이 이해하기란 쉽지 않다. 따라서 운용회사가 제시하는 수익률만 믿고 투자할 수밖에 없다. 그래서 이와 관련한 최소한의 문제점과 주의해야 할 점을 제시하였다.

홍수처럼 계속 나오고 있는 새로운 상품에 투자할 때 아직 큰 문제점들이 나오진 않았지만 너무나 많은 위험 요소들이 있는 상품이기에 운용자나 투자자 모두 위험을 최소화하는데 노력을 다 해야 할 것이다.

이 책이 나오게 되기까지 여러 사람의 도움을 받았다. 양질의 도서를 출판하기 위해 끊임없이 노력하는 가림출판사의 강선희 사장님과 일반 독자에게 쉽고 실질적인 도움이 될만한 책이 되도록 강조하며 세심한 기획을 한 이선희 부장님과 책이 예쁘게 나오도록 고생한 편집부 여러분에게 감사를 드린다.

마지막으로 강의하고 출판하는데 힘들지 않도록 언제나 헌신적인 아내 조선경 씨와 사랑하는 딸 동아에게 고마움과 끝없는 사랑을 전한다.

2005년 4월

김 영 준

차례 CONTENTS

책머리에 | 7

제1장 부동산 간접투자 상품의 개요

1. 왜 부동산 간접투자 상품인가? | 16
2. 부동산 간접투자 상품에는 어떤 것이 있는가? | 18
3. 리츠와 부동산투자신탁은 어떻게 다른가? | 23
4. 우리 나라의 부동산투자신탁은 어떤 것인가? | 25
5. 우리 나라 은행의 부동산투자신탁은 어떤 것이 있는가? | 28
   - 은행의 부동산투자신탁이란?
   - 은행의 부동산투자신탁 발행현황은?
   - 부동산투자신탁에 투자시 주의 사항은?
   - 부동산투자신탁이 사라진다

제2장 부동산 펀드시대 도래하다

1. 부동산 펀드란 무엇인가? | 38
2. 부동산 펀드는 리츠와 어떻게 다른가? | 40
3. 미국의 부동산 펀드는 어떤 것인가? | 45
4. 우리 나라의 주요 부동산 펀드 판매현황 | 49
   - 맵스프런티어 부동산 1, 2, 3, 4, 5호
   - KTB 웰빙 특별자산펀드, KTB 파주신도시 부동산투자신탁

- 마이애셋 부동산 펀드 1호
- 부자아빠하늘채 부동산투자신탁 1, 2, 3호
5. 부동산 펀드의 수익성 평가는? | 59
6. 부동산 펀드의 특징은? | 61
7. 부동산 펀드투자 제대로 알고 하자 | 65
- 비과세, 안정성 '일거양득'
- 투자대상물 및 운용인력을 꼭 확인하라
8. 진화하는 부동산 펀드, 전방위 확장중이다 | 71

제3장 부동산투자신탁(REITs)의 개요

1. 부동산투자신탁(리츠)이란 무엇인가? | 78
2. 리츠가 되기 위한 요건은 무엇인가? | 81
3. 리츠의 주요 특징은? | 84
4. 리츠 종류에는 어떤 것이 있는가? | 86
5. 리츠의 조직과 구조는 어떻게 되는가? | 91

제4장 외국의 부동산투자신탁

1. 미국의 부동산투자신탁 | 96
   - 미국의 부동산투자신탁
   - 미국의 리츠 투자수익률
   - 최근의 리츠 동향
2. 일본의 부동산투자신탁 | 101

- SPC법을 이용한 부동산 증권화
- 일본 부동산 증권화의 특징
- J-REIT
- 최근의 리츠 동향

3. 호주의 상장부동산 신탁증권(LPT) | 110
  - 상장부동산 신탁증권의 개념
  - 상장부동산 신탁증권의 특징
  - 상장부동산 신탁증권의 현황

4. 싱가포르의 S-REITs | 114

제5장 우리 나라 부동산투자신탁의 개요

1. 우리 나라의 부동산 투자신탁(리츠)제도 현황은 어떤가? | 118
2. 일반 리츠와 CR 리츠는 어떻게 다른가? | 125
3. CR 리츠 상품은 어떤 것이 있는가? | 130
4. CR 리츠의 상품별 주요 내용 | 137
   - 코크렙 제1호 기업구조조정 부동산투자회사
   - 코크렙 제2호 기업구조조정 부동산투자회사
   - 코크렙 제3호 기업구조조정 부동산투자회사
   - 코크렙 제4호 기업구조조정 부동산투자회사
   - 코크렙 제5호 기업구조조정 부동산투자회사
   - 교보-메리츠 퍼스트 기업구조조정 부동산투자회사
   - 리얼티코리아 제1호 기업구조조정 부동산투자회사
   - 유레스-메리츠 퍼스트 기업구조조정 부동산투자회사
   - K1 기업구조조정 부동산투자회사
   - 맥쿼리센트럴오피스 기업구조조정 부동산투자회사

5. 리츠제도 개정안에 따른 향후 전망을 알아보자 | 170
- 부동산투자회사법 어떻게 바뀌나?
- 일반 리츠, '빛' 볼 수 있을까?

제6장 부동산 경매펀드의 허와 실

1. 경매보다 뜨거운 부동산 경매펀드는 어떤 것인가? | 178
2. 현대부동산경매펀드 1호 공모, 성황리에 마치다 | 183
3. 장밋빛 계획, 지켜질까? | 187
4. 부동산 경매펀드의 문제점은 없는가? | 190

제7장 선박펀드, 2005년에도 인기짱!

1. 선박펀드란 과연 어떤 것인가? | 196
2. 선박펀드, 2005년도 전망은 어떤가? | 201

부록(리츠 관련 주요 회사 현황과 부동산투자회사법 개정내용)

- 부동산자산관리회사(AMC) 현황
- 부동산투자자문회사 현황
- 자산운용전문인력 교육기관 현황
- 투자설명서(한화 마스터피스 부동산투자신탁 1호)
- 부동산투자회사법 개정내용

참고문헌 | 251

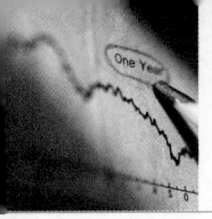

제1장 | 부동산 간접투자 상품의 개요

CHAPTER 01

부동산 간접투자 상품의 개요

01

왜 부동산 간접투자 상품인가?

　부동산 경기가 침체기에 접어들면서 부동산 펀드, 리츠 등 이른바 '간접투자' 상품이 틈새 종목으로 급부상하고 있다.

　간접투자 상품이란 전문 운용기관이 일반인들의 돈을 모아 부동산에 투자한 뒤 발생한 수익을 배당 형식으로 돌려주는 것이다. 대표적인 상품으로는 리츠(부동산투자회사)와 부동산 펀드, 부동산투자신탁 등이 있다.

　먼저 선보였던 리츠는 연 7~8%대의 수익을 꾸준히 배당하고 있고, 2004년 6월부터 출시된 부동산 펀드는 발매 즉시 매진 행렬이 이어지는 등 인기몰이에 성공하고 있다.

　정부는 부동산 가격 안정과 투기 방지 등을 위해 간접투자 상품의 규제를 대폭 완화하고 있어 앞으로의 투자전망은 더욱 밝다는 평가가 나오고 있다.

현재 국내에서는 리츠와 부동산 펀드가 대표적인 상품이다. 두 상품의 성격은 비슷하지만 다소 차이가 있다.

리츠는 회사형으로 주식 형태이며, 부동산 펀드는 일종의 수익증권이다. 우리 나라의 리츠는 수익성 부동산만 투자가 가능하지만, 펀드는 개발사업도 가능하다.

이러한 간접투자 상품은 소액투자가 가능하고, 안전성이 상대적으로 높으며, 수익률도 비교적 높다는 측면에서 투자 매력을 갖고 있다. 일반인이 직접 부동산에 투자하려면 상당한 목돈이 필요하지만 간접투자는 50만~100만 원으로도 투자할 수 있고, 투자금액에도 별다른 제한이 없다. 투자방법도 공모에 응모하기만 하면 된다.

또한 전문인력이 투자를 대신 해주기 때문에 복잡한 거래방식이나 세금 문제로 고민할 필요도 없다. 한편으로는 수익성도 좋은 편이다. 현재 부동산 펀드와 리츠는 대부분 연 7~10%대 수익률을 제시하고 있는데, 은행 금리의 2배가 넘는다. 배당금도 통상 6개월마다 지급하고 있다.

부동산 간접투자 상품은 환금성도 우수하다.

실물 부동산의 경우 팔고 싶을 때 팔기가 어렵다. 그러나 부동산 펀드와 CR 리츠(기업구조조정용 부동산투자신탁)는 주식시장에 상장되어 현금이 필요할 경우 언제든지 주식으로 사고 팔 수 있다.

02

부동산 간접투자 상품에는 어떤 것이 있는가?

부동산 투자는 적어도 수천만 원은 있어야 할 수 있다는 것이 상식이다. 그래서 그만한 여유돈이 없어 '불패(不敗)의 부동산 신화'의 주역이 되지 못한다고 신세 한탄을 하는 사람들이 적지 않다. 하지만 1만 원만 있어도 부동산 투자를 할 수 있는 방법이 있다. 바로 부동산 간접투자이다.

하지만 앞으로도 부동산 불패 신화가 이어질지 장담하기는 어려울 것으로 보인다. 정부가 '부동산 시장 안정'을 중요한 국정 과제로 삼고 온갖 규제책을 쏟아내고 있기 때문이다. 이제 적은 돈으로 안정적인 수익을 낼 수 있는 부동산 간접투자에도 관심을 가져볼 때이다. 직접 부동산에 투자해 일확천금을 거두겠다는 사람의 배짱에는 맞지 않을 수 있다. 하지만 정기예금 금리보다 높은 안정적인 수익률을 기대할 수 있고 손해를 볼 우려가 많지 않다. 또 언제든지 그만둘 수 있다는 것도 장점이다.

 부동산 간접투자란 전문적인 부동산 투자회사에 돈을 맡겨 운용하고 수익을 돌려 받는 투자방식을 말한다. 지금까지 한국에 선을 보인 부동산 간접투자 상품으로는 부동산투자신탁과 CR 리츠와 2004년부터 발매가 된 부동산 펀드가 있다.

 부동산투자신탁은 은행이 투자자들의 돈을 모아 부동산업체에 프로젝트 금융(개별 부동산 사업에 대한 벤처금융식 대출)을 해주는 방식이다. 상품이 나올 때마다 당일 마감되는 폭발적인 인기를 끌어왔지만 이따금씩 선심 쓰듯 나오는 것이 흠이고, 결국 부동산 펀드의 출현과 함께 사라지고 있다. 현재 팔리고 있는 상품은 없다. 금리가 하락세를 지속하고 부동산 시장이 조정 양상을 보이면서 자금대출 수요가 줄어들고 있어 부동산 투자신탁 상품은 당분간 구경하기 힘들 것으로 보인다.

 CR 리츠의 투자수익률은 연간 8~10% 가량이다. 요즘 은행의 정기예금 금리(3년 만기 3%대 중반~4%대 중반)는 물론 채권 금리(3년 만기 국고채 4.0% 안팎)보다 높다. CR 리츠의 투자수익은 주로 배당금 형태를 띤다. 투자자가 주주가 되어서 사업의 과실을 배당금으로 받는 것이다. CR 리츠는 6개월마다 배당을 한다. 설립 후 5년 뒤면 회사를 청산하므로 모두 열 번의 배당을 받을 수 있다.

 리츠의 배당수익률(배당금÷주가×100)은 사업성과에 따라

들쭉날쭉하다. 심지어 같은 회사가 운영하는 리츠도 사업 대상과 방식에 따라 배당수익률이 크게 다르다. 그러므로 어느 리츠에 투자할지는 수익률, 사업 대상, 사업 방식 등을 따져보고 결정하는 것이 바람직하다. 이런 내용은 금융감독원 전자공시시스템(http://dart.fss.or.kr/)에서 찾아볼 수 있는 각사의 사업설명서에 잘 나와 있다.

CR 리츠의 투자수익률은 자산관리회사가 어디인가보다는 어떤 부동산을 어떤 방식으로 운영하느냐에 달려 있다. 따라서 현장을 돌아보면서 주변 임대수요와 임차인의 질을 따져보는 것이 좋다.

부동산형 펀드는 주식형 및 채권형 펀드나 수익증권하고 상품 구조가 똑같다. 다만 주식형이 주로 주식에 투자하고 채권형이 채권을 주요 투자대상으로 하는 것처럼 부동산형 펀드는 고객의 돈을 대부분 부동산에 투자한다.
상품이 발매되면 지정하는 증권사나 은행에 들러 원하는 금액을 가입하면 된다. 대체로 투자자금 규모에 제한을 두지 않는다. 다만 가입 기간 초기에 환매를 하면 벌칙 수수료를 매기는 등의 제한을 두는 경우가 많다.

현재까지 출시된 리츠와 부동산 펀드는 20여 개에 이른다. 이 가운데 리츠는 총 10개에 자산 규모는 1조 5,000억 원이고 자본금은 약 8,000억 원 규모에 이른다. 거래소에 상장된 것은 코크렙 제1호 등 7개이고, 비상장된 것이 3개이다.

　부동산 펀드는 10여 개가 출시되었고, 모집금액은 3,200억여 원에 이른다. 한국투신이 1,090억 원으로 규모가 가장 컸고, 그 다음으로 KTB자산운용(750억 원), 맵스자산운용(750억 원), 마이에셋자산운용(350억 원), 골든브릿지(250억 원) 순이다.

　최근 들어 펀드의 인기가 높아 리츠 출시는 상대적으로 주춤해진 상태이다. 2004년에 출시된 리츠는 4월 8일에 설립한 코크렙 제4호와 12월 15일에 설립한 코크렙 제5호 등이다. 하지만 리츠의 배당수익률은 연 10% 이상으로 상당히 높은 편이다. 이미 리얼티코리아 제1호가 8.5%, 코크렙 제1호가 10.34%의 배당수익률을 올린 바 있다.

　2004년에 발매된 부동산 펀드는 날개 돋친 듯 팔려나갔다. KTB자산운용이 파주 운정신도시 아파트 개발자금 대출용으로 지난 2004년 8월 27일 내놓은 'KTB 파주신도시 부동산투자신탁'은 하루 만에 350억 원어치가 모두 팔렸다. 이에 앞서 충북 오창과 천안 직산에 건설중인 아파트에 투자하는 '맵스 프런티어 부동산투자신탁 2호' 역시 높은 경쟁률 속에 판매되어 첫날 350억 원이 모두 매진되었다.

　간접투자 상품이라고 무조건 투자해서는 안 된다. 최근 시장 규모가 커지면서 옥석(玉石)을 가려야 할 필요성이 높아지고 있다. 특히, 부동산 펀드는 대부분 담보가 있거나 지급보증 기관이 있어 일반 펀드보다 원금손실 가능성이 낮은 것은 사실이다. 하지만 원칙적으로 원금보장이나 수익보장형 상품은 아니다. 투자대상 부동산 상품의 수익성이 떨어지면 펀드의 수익성도 타격을 받을 수 있다.

따라서 펀드매니저의 역량, 펀드에 편입된 프로젝트의 사업성, 투자 부동산의 장기 전망, 시행사나 시공사의 공신력, 시행사나 시공사 부도시 원금 회수 방안 등을 부동산 펀드투자의 체크 포인트로 점검해야 한다.

부동산 간접투자 상품들

구 분	일반 리츠	CR리츠(구조조정리츠)	부동산투자신탁	PFV	부동산 펀드
근거법	부동산투자회사법	부동산투자회사법	신탁업법	프로젝트금융투자회사법	간접투자자산운용업법
설립인가·감독	건설교통부 인가	인가는 건설교통부, 감독은 건설교통부·금융감독위원회	금융감독위원회 등록	금융감독위원회 등록	금융감독원
자본금	250억 원	250억 원	없음	50억 원	없음
사업기간	주식회사	한시적 페이퍼 컴퍼니	제한 없음	한시적 페이퍼 컴퍼니	제한 없음
현물출자	설립시 불허, 개발사업 인가 이후 가능	설립시 자본금 50%까지 가능	없음	가능	가능
투자대상	부동산·부동산 관련 유가 증권	구조조정용 부동산 법정관리, 회의기업부동산	부동산·부동산 관련 유가증권	사회간접자본(SOC)·주택 개발·설비투자	부동산·ABS·개발 사업·프로젝트파이낸싱
주식시장 상장	의무화	의무화	불가	불가	공모할 경우 의무화
주식소유·공모	1인당 주식소유한도 30%	제한 없음	없음	시모(50인 이내), 금융기관 1곳 이상	제한 없음
증권	주식	주식	수익증권	주식	주식형 수익증권
배당	이익이 나면 90% 이상 현금 배당	임의배당, 법인세 감면을 받으려면 90% 이상 배당	발매시 공시한 이자	임의배당, 법인세 감면을 받으려면 90% 이상 배당	발매회사가 3개월~1년 단위 이익 배당
존속기간	영속 법인	정관에 기재	5년 이내	2년 이상	통상 5년, 펀드발매시 결정

[자료 출처: 건설교통부·금융감독위원회·자산운용업계]

리츠와 부동산투자신탁은
어떻게 다른가?

REITs(리츠)는 Real Estate Investment & Trusts의 약자이다. 즉 우리말로 풀어 쓰면 부동산투자신탁이다. 통상 말하는 리츠와 부동산투자신탁과는 많은 차이점이 있다. 따라서 명확히 말하자면 2000년 7월부터 발매된 은행의 부동산투자신탁을 '신탁형 리츠'라고 하고, 일반적으로 말하는 리츠를 '회사형 리츠'라고 구분하여 부르는 경우가 있다.

부동산투자신탁은 신탁업법에 의해 만들어진 상품이다. 은행은 투자자의 돈을 모아 부동산과 관계된 상품에 투자를 하여 수익을 얻게 되는데, 은행은 이에 상응하는 수익증권을 발행하고 또한 투자하는 동안에는 환매도 해서는 안 된다. 특히, 최근에 주식이 바닥을 쳐 주식형 수익증권에 큰 피해를 본 사람이나, 연 3~5%대의 금리에 크게 메리트를 느끼지 못하는 사람들에게 새로운 투자수단으로 각광 받는 것은 어쩌면 당연한 일인지도 모른다. 지금까지 시중에 선을 보인 부동산투자신탁 상품들이 평균 10% 정도의 높은 수익률을 제시한 것을 보면 상당한 메리트가 있는 것으로 보인다.

실적 상품이기 때문에 원금보전이 불가능하지만 현실적으로 건설회사의 지급보증을 수반하기 때문에 투자원금을 모두 날리는 경우는 거의 없다.

하지만 리츠의 경우는 부동산투자회사법에 의해 만들어진 상품이다. 최저 자본금 250억 원 이상의 리츠(부동산투자회사)를 설립하고 그 주식의 30% 이상을 일반 공모하게 된다. 이러한 공모에 참여한 일반 소액 투자자들이 바로 리츠라는 상품에 가입한 것이다. 즉 투자자는 기존의 부동산투자신탁에서의 수익자 위치가 아니라 주주의 위치로서 향후 리츠에서 투자한 투자수익에 따라 배당금을 받게 되는 것이다. 그리고 이 회사는 주식시장에 상장을 할 수 있으므로 이를 통해 환매를 할 수 있다. 다시 말해서 더 이상 이 상품에 메리트를 느끼지 못한 투자자(주주)는 주식시장을 통해 팔아 버리면 되는 것이다.

증권거래소 상장으로 환금성이 우수할 뿐만 아니라 주주총회를 통해서 경영참여도 할 수 있다.

04

우리 나라의 부동산투자신탁은 어떤 것인가?

원래 신탁 상품이란 가입자를 위해 수탁기관인 금융기관(특히 은행)이 수탁자산을 열심히 운용해서 그 수익을 되돌려주는 것이다. 그런데 가만히 보면 최근에 인기를 끌었던 부동산투자신탁 상품은 거의 대부분 아파트 시행사에 확정금리로 공사비를 대출해 주는 방식으로 신탁자산을 운용했던 것이다.

은행은 기존에 부동산 담보대출을 해왔다. 은행의 큰 프로세서로 보면 이 대출자금의 원천은 고객들의 은행 예수금이다. 그런데 만약 아파트 분양이 안 되어 채무자인 시행사가 부도가 나면 어떨까? 모든 것이 은행 책임이다. 그런데 부동산투자신탁은 이와 다르다.

이것도 신탁 상품이니 원금 손실이 있더라도 투자자가 감수해야만 한다. 그런데 재미있는 일은 은행권은 여전히 이러한 고객의 신탁자산으로 기존 시행사에 대출해주는 것과 마찬가지로 확정금리 대출을 해주었던 점이다. 쉽게 말하면 고객의 신탁자산으로 열심히 부동산자산에 투자하여 운용을 하고 그만큼 수고한 대가로 운용보수를 받아 간 것이 결코 아니란 것이다.

기존에 해왔던 대출과 크게 다를 바 없는데, 시행사가 부도나면 그 책임은 고스란히 투자자가 지게 되는 셈이다. 즉 부동산에 투자해서 부동산 가치가 상승함에 따라 더 많은 수익을 발생시켜 그 전까지는 소액 투자자란 이유로 대규모 자금이 움직이는 부동산 시장에서 소외되었던 일반 고객들에게 부동산투자로 생기는 혜택을 나눈다는 원래의 취지하고는 거리가 먼 것이다.

물론 고정금리로 시행사에 돈을 빌려주는 것이 부동산에 투자하는 것보다는 원금 손실의 가능성이 없을 뿐더러 고객에게 안전하다는 은행측의 주장은 일리가 있다. 하지만 실적배당 상품인 부동산투자신탁 상품을 고정금리 상품처럼 판매한다는 것은 앞서 언급한 부동산투자신탁의 원래 취지와는 상반되는 것이다.

이와는 달리 리츠는 일반인의 부동산 간접투자 활성화를 위해 도입된 제도로서, 2001년 제정된 부동산투자회사법 등 관련 법령에 의거하여 투자자로부터 모은 자금을 기업구조조정용 부동산에 투자하고 이로부터 발생하는 수익을 투자자에게 배당하는 부동산투자회사이다.

리츠를 통해 소액으로도 수익형 부동산에 투자할 수 있으며, 부동산 분야 최고 전문가들의 효율적인 자산관리로 안정적인 수익을 얻을 수 있는 투자상품이 리츠이다. 리츠는 일반 리츠와 기업구조조정용 부동산을 투자대상으로 하는 CR 리츠로 구별된다.

CR 리츠는 기업구조조정용 부동산의 원활한 시장 매각을 통해 기업의 재무구조개선을 촉진시키기 위한 제도로서 다양한 세제혜택을 부여하고 있다. 취득세·등록세 및 법인세 등의 면제 또는 감면 혜택으로 인해 상대적으로 높은 수익률을 기대할 수 있다.

05 우리 나라 은행의 부동산투자신탁은 어떤 것이 있는가?

은행의 부동산투자신탁이란?

은행이 고객의 돈을 신탁 받아 부동산을 매입하거나 부동산 관련 대출과 유가증권에 투자운용하여 나온 수익금을 투자자에게 되돌려 주는 금전신탁 상품이다. 이 상품은 2001년 12월부터 운용되고 있는 리츠와 비슷하다. 리츠가 주식발행을 통해 투자자를 모집해 회사 형태로 운용하는데 비해 부동산투자신탁은 실적배당 은행 신탁 상품이란 점에서 차이가 난다.

은행의 일반 신탁 상품과 비교해서는 고객 돈을 대신 운용해 주는 점에서는 똑같지만 주요 투자대상이 주식이나 채권이 아니라 부동산이나 부동산 관련 유가증권이란 점이 다르다. 은행은 부동산투자신탁에 들어온 자금을 부동산 매입·개발·임대사업, MBS 등 부동산 관련 유가증권, 부동산 프로젝트 파이낸싱, 기타 유가증권(국공채, 회사채) 등에 투자운용해 나온 수익을 고객에게 돌려준다.

그러나 우리 나라 은행에서 실제 투자한 상품은 서울 등 대도시의 동시분양 아파트가 대다수를 차지하고 있다.

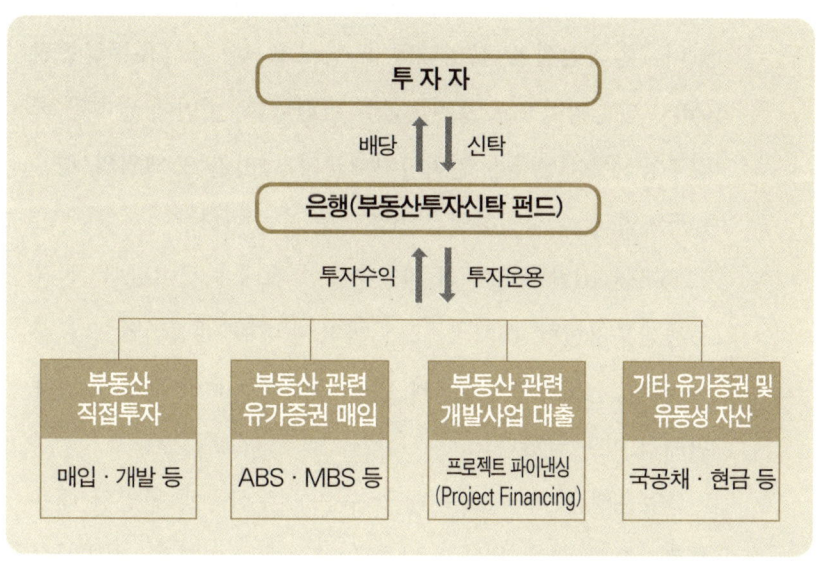

은행의 부동산투자신탁 발행현황은?

은행의 부동산투자신탁은 2000년 7월 국민은행에서 첫선을 보인 이후 2003년부터 본격적으로 만기가 도래했다. 이 과정에서 실적배당 상품이기 때문에 수익은 고사하고 원금마저 잃게 되는 것은 아닌가 하는 투자자들의 우려가 기우였음이 드러났다. 2003년 만기가 되어 배당한 26개 부동산투자신탁의 수익률이 예상수익률을 대부분은 넘어섰기 때문이다.

국민은행은 지난 2002년 11월 22일 현대건설이 시공하고 있는 용인시 죽전지구 아파트를 대상으로 1,080억 원 규모의 부동산투자신탁 상품을 발매했다. 이 상품은 발매당일 매진되었으며 배당조건은 6개월의 경우 6%, 26개월짜리는 7.4%였다. 현대건설은 분양대금을 담보로 한 자산유동화증권(ABS) 발행방식으로 토지대금을 마련했다. 이번에 발매된 국민부동산투자신탁은 일반정기예금의 금리가 26개월의 경우 4.85%인 점을 감안하면 2.55% 높은 수준이다.

2003년 10월 20일부터 산업은행이 판매에 들어갔던 '산은 부동산투자신탁 13차'는 24일까지 판매될 예정이었으나 출시 첫날 펀드설정액 495억 원을 넘어선 500억 원을 마감해 판매가 이미 끝났다.

산업은행은 이 펀드를 대구 수성구 두산동에 분양된 대우 푸르지오와 서울 용산구 원효로 영풍산업 아파트, 현대건설이 대구 신천동에 짓는 주상복합 등에 투자하기로 하고 3개월 만기 상품에는 5.8%, 6개월 만기 상품에는 6.1%, 14개월 만기 상품에는 6.7%, 18개월 만기 상품에는 7.0% 배당률을 제시했다.

국민은행은 지난 2003년 10월 14일 35~36호 부동산신탁 상품을 출시해 35호는 100억 원, 36호는 180억 원을 끌어 모았다. 35호는 연 6.5%를, 36호는 연 8%의 배당률을 제시했다. 2004년 12월말 기준 정기예금의 이자율은 연 3.8%이다.

일반 이자소득세와 주민세 등의 세금 16.5%를 감안하면 은행에 예금해 실제로 받을 수 있는 금리는 연 3.17%에 불과하다. 그러나 2004년 하반기 소비자 물가상승률은 4%대이므로 은행에 예금만 했다가는 앉아서 손해를 보게 된다. 예를 들어 1억 원을 은행에 맡길 경우 45만 원의 손해를 본다.

수익률을 조사한 결과 은행측이 예상한 수익률을 초과했고, 신탁판매 당시 정기예금 금리보다 2~4% 높은 수익률을 나타냈다. 국민은행의 경우 배당수익률 12%를 예상한 '빅맨부동산투자신탁 1, 3호'를 운용한 결과 각각 12.13%와 12.09%의 수익률을 기록했다. 발매 당시인 2000년 7월, 9월의 정리예금 금리가 9%대인 것에 비하면 약 3% 이상 높은 수치이다. 국민은행은 이밖에 7개 상품에서도 당초 예상보다 높은 6.2~11.3%의 수익률을 달성했다.

또 2004년에 4개 펀드를 청산한 산업은행은 5.5~7.4%의 예상 배당수익과 동일하거나 조금 웃도는 수익률을 투자자에게 배당했다. 역시 4개 상품의 신탁기간이 만료된 하나은행도 당초 예상인 6.5~7.7%와 비슷한 수익을 올렸다. 3개 펀드를 청산한 우리은행도 당초 예상대로 6~7%대의 수익률을 기록했다. 이밖에 한미은행, 조흥은행, 외환은행, 기업은행, 대구은행도 6~8%대의 수익을 배당했다.

우리은행은 2004년에만 8개 펀드로 총 540억 원을 마감했는데 지난 2003년 10월 17일 모집한 펀드 약 80억 원은 일산

대화동 월드 메르디앙에 투자하였다. 투자자들은 11개월 만기시 연 7.7%를 배당 받는다.

하나은행은 2004년 4개 펀드, 총 600억 원을 모집해 배당 수익률을 만기에 따라 5.6~7.10%로 제시했다.

이들 모두 1년 이상 예치할 경우 은행권 예금 금리보다 2배 가량 높지만 상품 공급이 적고 출시 계획이 정기적이거나 일정치 않아 일반인들이 기회를 부여받기가 쉽지 않은 것이 단점이다.

이와 같이 상품판매일 당시 금리가 다르기 때문에 상품별 수익률도 제각각이지만 모두 판매 당시 정기예금 금리보다 약 2~4% 이상 높은 수익률을 냈다. 이는 투자자들에게서 모은 자금을 부동산사업 시행자들에게 고정금리 형태로 대출을 하거나 임대수입이 보장되는 건물에 투자했기 때문에 가능했다.

⋯⋯ 부동산투자신탁에 투자시 주의 사항은?

부동산투자신탁 상품은 판매공고를 보고 가입하려면 이미 때가 늦다. 그만큼 인기가 좋다는 것이다. 따라서 미리 각 은행의 판매계획을 점검한 후 은행창구에 가서 투자를 문의하는 것이 좋다. 보통 영업장에 미리 단기예금으로 가입해 두고 담당자에게 부동산투자신탁이 나오면 바꿔달라고 예약해야 가입할 수 있다.

　선착순 판매일 경우 해당 은행의 전국 영업장에서 단말기로 입력하는 대로 가입되기 때문에 판매를 시작한 지 채 5분도 되기 전에 매신뢰는 경우가 속출하였다. 산업은행은 사전예약으로 판매하는데 상품에 가입하기 위해서는 미리 각 지점에 가입의사를 밝혀 놓아야 한다. 국민은행 역시 사전예약제로 상품을 선보이고 있다. 반면 우리은행은 펀드의 특성을 고려하여 사전예약과 선착순을 병행하고 있다.

　부동산투자신탁이 인기를 끄는 이유는 정기예금보다 예상수익률이 높다는 것이며 또 최저 투자금액 단위가 500만 2,000만 원이어서 투자금액 부담이 적다는 장점도 있다. 그러나 부동산투자신탁도 실적배당하는 고수익 고위험 상품이란 점을 명심해야 한다.
　또 부동산투자신탁은 중도에 해지할 수 없다. 따라서 만일 금리가 급격하게 오른다면 손해를 볼 수도 있기 때문에 주의해야 한다. 상품에 유치된 자금을 고정금리 형태로 운용하기 때문에 시중 금리가 오른다고 하더라도 배당수익을 높여주기는 어려운 구조이다.
　투자대상에 대해서도 주의를 해야 한다. 실적배당이기 때문에 은행에서 알아서 자금을 운용해 줄 것이라고 막연히 기대하면 안 된다. 투자상품을 운용하는 시행자나 시공사가 믿을 수 있는 회사인지를 확인해야 하고 단기투자가 기대되는 것인지 아니면 장기 투자가 가능한 상품인지 확인해야 한다. 즉 분양률이나 분양 후 프리미엄 수준 등을 잘 살펴본 다음 투자하는 것이 위험을 줄일 수 있는 방법이다.

부동산투자신탁이 사라진다

"발매 1분 만에 판매 완료" 행진을 거듭하며 은행권 투자신탁 상품 중 최고의 인기를 누려온 부동산투자신탁이 사라질 것으로 보인다. 대신 그 빈자리는 자산운용사가 취급하는 새 간접투자 상품인 '부동산 펀드'가 대체할 것으로 예상된다.

200억~1,000억 원대에 이르는 대규모 아파트 및 주상복합아파트 개발자금 조달을 위해 은행권이 지난 2000년부터 취급해온 인기 상품이 만 4년 만에 사라지는 셈이다.

이에 따라 부동산 간접투자시장도 '부동산투자신탁 VS. 리츠'에서 '부동산 펀드 VS. 리츠' 구조의 새로운 양강구도가 형성될 것으로 전망된다. 2004년 8월 20일 금융계에 따르면 산업·국민·우리은행 등 부동산투자신탁 시장을 주도해온 주요 은행이 향후 개인(불특정금전신탁)을 대상으로 한 부동산투자신탁 상품을 새로 내놓을 계획이 없는 것으로 나타났다.

부동산투자신탁 관련법인 신탁업법이 2004년 7월말부터 '간접투자자산운용업법'(이하 간운법)에 통합되면서 은행이 부동산 신탁을 하기 위한 조건이 까다로워졌기 때문이다. 새 간운법에 맞춰 부동산투자신탁을 취급하려면 주주총회에서 승인이 필요한 등기임원을 선임해야 하는 등 은행이 자산운용사와 비슷한 조직을 별도로 갖춰야 한다. 결국 조직의 슬림화를 내세우는 은행권으로서는 부담이 클 수밖에 없다.

부동산 펀드가 부동산투자신탁의 인기를 그대로 이어받을지도 관심이다. 펀드 초기에는 규모가 작고 투자 안정성이 있는 사업 위주로 펀드가 구성될 것이다. 하지만 향후 부동산 펀드가 대규모 주거·상업시설에 투자하며 간접투자시장을 선도할 것이라고 기대한다.

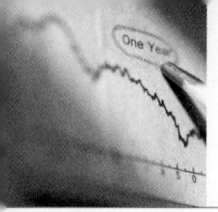

제2장 | 부동산 펀드시대 도래하다

02

CHAPTER

부동산 펀드시대 도래하다

부동산 펀드란 무엇인가?

부동산 펀드는 투자자들로부터 자금을 모아 전문가가 엄선한 다양한 부동산, 즉 부동산 개발사업·수익성 부동산, 프로젝트 파이낸싱 및 ABS 등에 투자운용 관리하고 이로 인해 발생하는 수익금을 분배하는 간접투자 상품이다. 소액자금을 모집해 부동산을 통해 얻은 수익을 투자자들에게 되돌려 준다는 점에서 리츠나 은행권의 부동산신탁 상품과도 유사하다.

간접투자방식인 부동산 펀드는 '간접투자자산운용업법'에 근거해 만들어지는 상품으로 원금보장이나 수익보장형 상품은 아니다. 투자대상 부동산 상품의 수익성이 떨어지면 펀드의 수익성에도 타격을 줄 수 있다. 따라서 투자대상 물건의 수익성 및 이를 운용하는 전문인력의 수준이 펀드의 성패를 가늠하는 결정적인 요인이 된다.

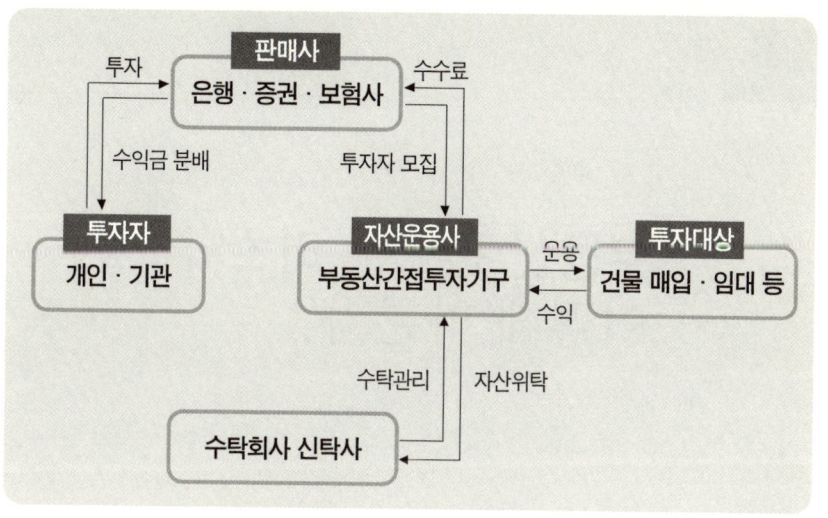

즉 주식형 펀드가 주식편입비율에 따라 기대수익과 위험이 반비례하듯이 부동산 펀드도 유사한 형태를 띠게 된다. 다만, 부동산에 대한 권리 등의 담보력이 있는 것이 긍정적인 면이다. 이와 같이 부동산 펀드도 그 투자대상 및 투자형태에 따라서 안정적 수익형, 고수익 추구형 등 다양한 내용의 상품이 출시될 전망이다.

부동산 펀드는 리츠와 어떻게 다른가?

> ····· 부동산 펀드는 법적 성격 및 구조에서 리츠와 차이가 있다

부동산 펀드는 부동산 간접투자 시장에서 투자기구의 역할을 한다는 점에서 리츠와 같은 성격을 갖지만, 법적 성격 및 구조 등에서 차이점이 있다. 리츠는 부동산에 투자하는 주식회사이지만 부동산 펀드는 부동산 투자를 목적으로 조성된 자금의 집합체, 즉 투자신탁이다. 앞 장에서 설명한 은행의 부동산투자신탁이 변형된 것으로 보면 된다.

따라서 리츠는 내부에 자산운용 기능을 가지고 있고(기업구조조정용 부동산투자회사는 종이회사라 외부에 자산운용 기능이 있음), 자본금도 250억 원 이상이어야 한다. 그러나 부동산 펀드는 외부에 있는 자산운용사가 투자를 담당하며, 법적 성격이 투자신탁이기 때문에 자본금에 대한 의미가 없다.

리츠는 자산의 70% 이상을 부동산으로 구성해야 하지만 부동산 펀드는 자산구성에 대한 제한도 없다. 이론적으로는 총자산의 1%만 부동산에 투자하고 나머지는 증권 등에 투자할 수도 있다. 그렇기 때문에 부동산 펀드에 투자할 때에는 자산구성을 눈여겨보아야 한다. 자산 구성은 투자 설명서를 보면 알 수 있다(부록 참조).

자산운용과 관련해서 리츠는 부동산 개발에 대한 투자와 자금차입이 자유롭지 못하지만 부동산 펀드는 부동산 개발사업을 목적으로 설립된 SPC(자산유동화회사 등 특수목적회사)가 발행하는 투자증권을 인수하는 형태로 총자산의 100%까지 부동산 개발사업에 투자할 수 있으며, 자산의 200%까지 차입하여 부동산에 투자할 수도 있다.

부동산 펀드는 투자신탁형이라 외부기관을 이용해야 한다

부동산 펀드는 자산운용회사에 의하여 투자신탁형으로 설립된 후 자산운용회사나 판매회사를 통하여 기관투자가 및 개인투자자에게 판매된다. 이렇게 투자자로부터 모집된 자금은 수탁회사에 보관되고 자산운용회사의 지시에 따라 자산의 취득 및 처분을 이행한다.

기존의 증권투자신탁의 자산운용구조와 기본구조는 동일

하지만 부동산 펀드 내에 수익자총회가 있어 투자자들이 적극적으로 자신들의 이익을 보호할 수 있고, 수탁회사의 역할도 수동적인 자산보관 기능에서 자산운용회사의 운용지시에 대해 감시하고 법령·정관 및 신탁약관에 위반되는 운용지시의 철회·변경 또는 시정을 요구하는 등 자산운용회사의 행위를 적극적으로 감시하는 기능이 확대되었다는 점에서 차이가 있다. 다시 말해서 자산운용회사의 독단적인 자산운용 행위를 수탁회사가 실질적으로 견제할 수 있도록 함으로써 투자자의 이익보호 기능을 한층 강화하였다.

부동산 펀드의 주요 투자대상은 부동산과 부동산 관련 유가증권이다

부동산 펀드의 주요 투자대상은 부동산이다. 또한 지상권, 전세권, 임차권 등 부동산을 사용할 수 있는 권리에도 투자할 수 있다. ABS(자산담보부 수익증권), MBS(주택저당채권담보부 수익증권), 주식, 채권, 다른 펀드의 간접투자증권 등에도 투자할 수 있다. 또한 펀드의 자산구성비에 대한 규제가 없으므로 부동산 시장 상황에 따라 부동산 이외의 투자대상에 더 많은 재산을 투자할 수도 있다.

투자한도는 부동산 개발사업의 경우 자산총액의 30%까지 (개발사업 SPC 투자시 자산총액 100%까지 가능함) 할 수 있고 임대사업이나 지상권, 전세권, 임차권 등에는 자산총액의

100%까지 투자할 수 있다.

투자증권에는 거의 100%까지 투자할 수 있고 장내·장외 파생 상품에는 위탁증거금 기준으로 자산총액의 15%까지 투자할 수 있다. 기타 간접투자증권이나 신탁업법상 수익증권에는 자산총액의 5%까지 투자를 할 수 있다.

일정 범위 안에서 차입 및 대여를 할 수 있다

부동산 펀드가 임대사업 또는 개발사업 형태로 부동산에 투자하는 경우, ① 부동산을 개발한 후 분양하는 경우와 부동산을 취득한 후 펀드의 합병 또는 해지와 같은 사유가 없는 한 3년 이내에 취득한 부동산을 재매각할 수 없고, ② 나대지를 취득한 후 개발하지 않은 상태에서 다시 매각할 수 없으며(관계법령 등의 개정으로 부동산 개발사업이 객관적으로 불가능하거나 펀드의 합병이나 해지와 같은 사유가 발생한 경우에는 가능함), ③ 부동산 펀드 자산총액의 30%를 초과하여 부동산 개발사업에 투자할 수 없다(다만, 부동산 개발을 목적으로 설립된 SPC 발행증권에 투자하는 형태로 투자하는 경우에는 자산총액의 100%까지 가능함).

부동산 펀드의 자산운용 규제내용은 이상과 같이 리츠와 거의 유사하지만 차입과 대여를 할 수 있다는 점에서 차이가 있다. 리츠도 투자대상 부동산의 기존 채무를 인수하거나 임차보증금과 같은 형태로 차입효과를 가질 수 있지만 대여를 할 수가 없다.

그러나 부동산 펀드는 순자산총액의 100%까지 대여할 수 있고, 순자산총액의 200%까지 부동산 투자를 전제로 차입할 수도 있다. 자산운용업법상 다른 펀드와 달리 부동산 펀드에 차입과 대여를 허용한 이유는 사업진행에 있어 자금차입이 필수적인 부동산 개발사업의 특수성 때문인 것으로 풀이된다.

미국의 부동산 펀드는 어떤 것인가?

미국의 전체 부동산 시장의 규모는 도시토지연구소(Urban Land Institute)에 따르면 2002년 9월 기준으로 약 4조 6,300억 달러 수준인 것으로 알려졌다. 이 가운데 연방 및 지방정부, 기업, 개인 등 비기관투자가(Non-institutional Investor)가 소유하고 있는 부동산은 약 2조 4,000억 달러이고, 기관투자가가 투자하고 있는 부동산은 약 2조 2,400억 달러 수준이다. 이처럼 개인 등 비기관투자가의 투자비율이 50%를 차지하고 있다.

기관투자가들은 출자와 대출 형태로 투자를 하고 있는데 출자 형태로 부동산에 투자하는 규모는 약 4,000억 달러인 반면 대출 형태로 부동산에 투자하는 규모는 약 1조 8,000억 달러에 이른다. 부동산 관련 대출 시장에서는 상업은행, CMBS Issuer, 보험회사 등이 각각 41.9%, 16.7%, 12.3%의 시장점유율을 갖고 있고, 부동산 관련 출자시장에서는 리츠와 연기금이 각각 42.6%와 37%를 점유하고 있으며 외국인 투자도 11.7%를 차지하고 있다.

미국의 부동산 펀드는 부동산을 직접 취득하여 임대하거나, 리츠 및 부동산 관련 기업의 주식을 취득하는 방법으로 투자를 한다. 따라서 부동산 펀드의 수익률은 펀드의 주요 투자대상 상품에 따라서 조금씩 차이가 난다. 미국 부동산 펀드의 평균수익률에 대한 직접적인 자료는 없으나 자본환원율과 리츠의 배당률을 통하여 간접적으로 파악할 수는 있다.

자본환원율이란 투자자가 해당 부동산에 투자하였을 때 기대하는 수익률을 의미하는데, 부동산 투자시점의 자본환원율과 매각시점의 자본환원율로 구분된다. 일반적으로 자본환원율은 초기 자본환원율을 의미하는데, 이는 부동산을 취득한 후 1년 동안 발생되는 순임대수익을 취득가격으로 나누어 계산한다. 이러한 자본환원율은 투자하는 부동산에서 발생하는 리스크, 금리 및 부동산의 유형별 수요와 공급에 의하여 좌우된다.

미국의 부동산 유형별 자본환원율은 일반적으로 주거용 부동산이 가장 낮고, 상가가 비교적 높은 편이다. 이것은 상가에 투자했을 때 발생하는 리스크가 주거용 부동산보다 크다는 것이 시장에서 받아들여졌기 때문이다.

미국의 부동산 유형별 자본환원율은 도시토지연구소(Urban Land Institute)에 따르면 2003년 하반기를 기준으로 다중주택(Multi-Family) 7.6%, 산업용 창고 8.3%, 중심상업 지구 사무실 8.5%, 산업용 연구개발 9.2% 등이다. 또한 미 재무성이 발표하는 T채권의 이자율과 3% 내외의 가산율을 가지면서 증감을 보이고 있다.

 미국 리츠의 배당률은 리츠의 종류에 따라 차이를 보이고 있다. 미국의 리츠는 출자형, 대출형, 혼합형 등 세 가지 종류가 있다. 미국부동산투자신탁회사협회(NAREIT)의 자료에 따른 지난 30년간의 추이를 보면 대출형 리츠의 배당률이 출자형 리츠의 배당률보다 약간 웃돌고 있다.
 시장점유율은 출자형 리츠가 시가총액 기준으로 전체 리츠시장의 91%를 차지하고 있어 출자형 리츠의 배당률이 전체 리츠의 배당률을 대표한다고 할 수 있다. 또한 지난 10년간 출자형 리츠의 평균배당률은 70.2%로 안정적인 수준을 유지하고 있다.

 미국의 경우 부동산 펀드는 다양한 포트폴리오 전략을 수립하고 있어 그 전략에 따라 투자를 한다. 직접 출자와 대출의 비중을 조절하여 리스크를 헤지하는 경우, 직접 투자를 하더라도 부동산 유형별 비중을 조정하여 리스크를 헤지하는 경우, 동일한 부동산에 출자를 하더라도 지역 비중을 조절하여 리스크를 헤지하는 경우, 이상의 모든 헤지방법을 복합적으로 적용하여 헤지하는 경우 등 그 전략이 매우 다양하다.
 보유하고 있는 부동산을 유형별로 분산하여 리스크를 헤

지하는 경우 유형별 구성비는 부동산 시장의 환경변화와 자산운용회사의 포트폴리오 전략에 따라 많은 차이를 보이고 있다. 2002년 기준으로 미국의 부동산 펀드들이 투자한 부동산을 유형별로 보면 사무실 42%, 산업용 부동산 20%, 소매용 부동산 20%, 다중주택(Multi-Family) 20% 등이다. 이는 부동산 유형별 하부시장에서 오피스시장이 펀드투자대상으로 선호된다는 것을 의미한다. 한편 2003년 기준으로 리츠가 보유하고 있는 부동산을 유형별로 보면, 소매용과 사무용이 각각 29%의 점유율을 보이고 있고, 주거용 부동산이 16%의 점유율을 나타내고 있다.

이것은 투자주체의 기대수익률과 리스크 민감도를 기준으로 만들어진 자산포트폴리오 전략에 따라 투자대상 부동산을 결정하였다는 것을 의미한다.

우리 나라의 주요 부동산 펀드 판매현황

맵스프런티어 부동산투자신탁 1, 2, 3, 4, 5호

맵스자산운용은 2004년 6월 4일 운용기간 2년의 맵스프런티어 부동산투자신탁 1호를 발매하였다. 펀드 규모는 450억 원이고 공모방식으로 모집된 자금은 파주시 교하읍 출판단지 내 타운하우스 고급빌라 사업에 투자된다. 예상수익률은 7%이다.

부동산 1호 펀드를 출시하여 부동산 펀드에 대한 투자자들의 관심을 크게 끌었던 미래에셋 계열사인 맵스자산운용은 2004년 8월 10일부터 맵스프런티어 부동산투자신탁 2호의 모집에 들어갔는데 이틀 만에 모두 팔렸다. 지난 6월의 부동산투자신탁 1호도 하루 만에 모두 팔렸었다.

이 펀드는 행정수도 이전으로 최근 각광을 받고 있는 충북 오창과 천안 직산에 건설중인 코아루아파트에 대한 개발금융(프로젝트 파이낸싱) 형태로 투자한다. 이 펀드의 특징은 아파트 건설사업이 갖고 있는 리스크를 대폭 줄였다는 점이다. 두 아파트 모두 분양이 완료된 분양 성공사업에 대한 프로젝트 파이낸싱이다. 두 아파트는 2004년 7월에 이미 분양을 실시하여 오창 코아루아파트는 100%, 직산 코아루아파트는 85% 분양된 상태라고 회사측은 설명했다.

또한 시행사나 시공사의 부도시 나타날 수 있는 준공위험을 줄였다. 이 사업은 개발신탁의 형태로 토지소유주가 한국토지신탁에 개발신탁의 형태로 개발을 의뢰한 사업이다. 따라서 시행사나 시공사가 부도가 날 경우 한국토지신탁이 직영공사를 하거나 제3의 시공사를 선정하여 책임지고 펀드 만기 전에 준공하기로 약정이 되어 있어 준공위험을 줄였다.

이밖에 이 개발신탁의 수익권증서에 1순위 질권설정을 하는 등 프로젝트 파이낸싱에 대한 채권확보를 위한 기본적인 안전장치를 확보하는 등 리스크 관리에 만전을 기한 상품이다.

펀드의 리스크를 대폭 줄였기 때문에 목표 수익률은 1호 펀드보다 다소 낮아져 연 6.8%이다. 펀드 만기는 투자대상인 직산 코아루아파트와 오창 코아루아파트의 상환 일정이 달라 투자금액의 30%는 1년 3개월 후에 상환되고, 나머지 70%는 2년 후에 상환되도록 설계되었다. 중도환매는 할 수 없고 수익증권 형태로 매매할 수 있다. 각 펀드는 환금성을 주기 위하여 증권거래소에 상장할 예정이다.

모집 규모는 300억 원이고, 펀드의 판매는 미래에셋증권 ·

SK증권 · 동양종합금융증권 · 제일투자신탁증권 · 동양오리온투자증권 등이 맡았다. 모집 규모가 작아서 가입신청자가 많을 경우 판매사별로 선착순으로 하거나 신청금액 비율에 따라 배분하기도 한다.

맵스자산운용은 3호 펀드를 2004년 8월 하순경 출시할 예정이었으나 2004년 11월 16일 고양시 일산구 덕이동의 도시개발사업을 대상으로 670억 원 규모의 맵스프런티어 부동산투자신탁 3호를 판매하였다. 이 사업은 민간주도형 도시개발사업으로 15만 평 대지에 4150가구의 아파트를 짓는 사업에 투자된다. 예상 목표수익률은 7.5%이다.

맵스프런티어 부동산투자신탁 4호는 2004년 12월 23일 출시되었고 모집금액은 473억 원이다. 제시분배율은 기본 8.0%에 매각차익을 합한 비율로 분배한다. 분배시기는 매년 4회로 매1월, 4월, 7월, 10월 10일이다. 다만, 최초 지급기준일은 2005년 4월 10일부터 하기로 했다. 부동산에의 투자는 투자신탁 자산총액의 60% 이상 투자한다.

맵스자산운용이 사들인 투자대상 상품은 강남구 대치동에 소재하는 퍼시픽 타워(구 미래와 사람)이다. 이 빌딩은 지하 6층, 지상 20층 빌딩으로 연면적 8745평에 달한다. 2003년 6월 미국계 칼라일펀드가 매입했으며 다국적 부동산서비스회사인 CB Richard Ellis에서 빌딩관리, 임대관리 및 자산관리를 해왔다.

또한 2004년 12월에는 경쟁입찰을 통해 가락동에 위치한 동원증권 빌딩을 390억 원에 사들여 맵스프런티어 부동산투자신탁 5호를 판매한 바 있다. 이 펀드의 예상수익률은 연 8.1%로 만기는 5년이지만 만기이전에 빌딩가격이 기대한 만큼 상승하면 만기이전에 빌딩을 매각해 조기상환하는 구조이다. 빌딩 임대료는 3개월마다 펀드가입 고객들에게 배당할 수 있도록 설계했다. 모집금액은 187억 원이고 담보대출 200억 원을 추가해 빌딩을 매입했다.

이 빌딩은 지하 6층, 지상 19층의 규모로 1994년에 준공되었고 서울시 송파구 농수산물시장 건너편 대로에 접해 있어 임대사업에 적절하다.

초기 형태는 자산운용회사가 투자자의 돈을 모아 주로 아파트 개발사업에 고정금리로 대출해 주고, 분양수입금으로 원리금을 상환해 주는 방식이었다. 통상 은행 금리(3.8%)보다 2배 가량 높은 연 7%대의 수익률을 제시했다. 그러나 개발이 지연되거나 분양이 제대로 되지 않을 경우, 원금 손실을 볼 수 있는 부담이 있다.

그래서 2004년 말부터는 안정성을 높이기 위해 주로 오피스 빌딩을 사들여 임대수입을 투자자들에게 돌려주는 상품이 나오게 된 것이다.

KTB 웰빙 특별자산펀드, KTB 파주신도시 부동산투자신탁

2004년 7월 2일 KTB자산운용이 개발해 대우증권이 판매에 나섰던 KTB 웰빙 특별자산펀드는 하루 만에 350억 원의 자금이 몰려 설정목표액(300억 원)을 넘었다.

이 펀드는 경기도 용인시의 코오롱건설의 아파트 개발사업에 대한 금융기관의 확정금리 대출채권에 투자하여 연 7% 수준의 수익을 안정적으로 올릴 수 있게 설계되었다. 만기는 1년 11개월이지만 3개월 단위로 수익금이 분배된다.

KTB 파주신도시 부동산투자신탁은 계약형이고 2004년 8월 27일에 설정되었다. 이 투자신탁은 부동산 간접투자기구로서 그 운용목적을 달성하기 위해서 부동산, 부동산 관련 사업에의 자금대여, 부동산 관련 유가증권 및 지상권·전세권·임차권 등 부동산의 사용에 관한 권리에의 투자는 투자신탁 자산총액의 60% 이상을, 채권에의 투자는 투자신탁 자산총액의 40% 이하를, 어음에의 투자는 투자신탁 자산총액의 40% 이하를 투자한다.

이 투자신탁은 부동산개발회사(이하 '시행사'라 한다)에의 대출(Project Financing)에 투자신탁 자산총액의 대부분을 투자한다. 부동산 개발사업에의 대출에 대한 위험 발생이 최소화될 수 있도록 부동산 개발사업부지가 담보로 설정되고, 더불어 시행사의 대출금에 대한 시공사의 원리금 지급보증, 시행사의 관계회사 및 시행사의 대표이사 개인의 연대지급보증 등이 추가되어 있는 구조를 지니고 있어 장기적으로 수익자의 이익을 안정적으로 증대하고자 하였다.

다만, 부동산투자신탁의 요건을 충족하기 위하여 최소 규모(투자신탁 자산총액의 0.5% 내외)로만 실물 부동산에 투자할 계획이다.

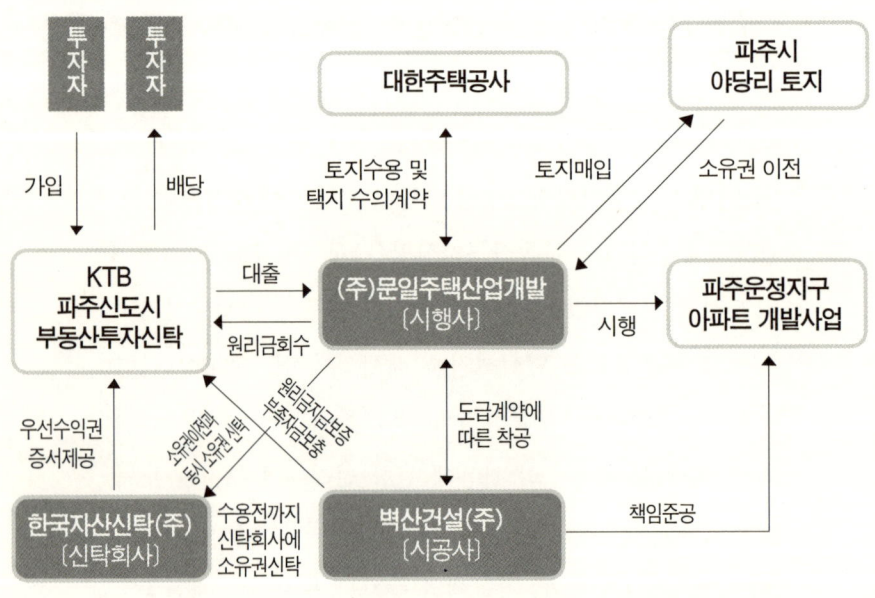

[자료 출처 : KTB 파주신도시 부동산투자신탁 투자설명서, 2004. 8.]

메리츠증권은 2005년 2월 18일까지 연 7.1% 가량의 수익을 6개월마다 분배하는 KTB 실크로드 특별자산투자신탁 3호를 한정판매했다. 경남 양산시 웅산읍 평산리에 한일건설이 시공하는 한일 유앤아이아파트 개발사업에 투자하는 펀드로, 만기인 2007년 6월 이전에 두 차례에 걸쳐 원금을 중도상환한다. 가입금액은 1,000만 원 이상이다.

마이애셋 부동산 펀드 1호

　마이애셋자산운용도 펀드를 선보였다. 이를 위해 외국계 부동산투자회사와 삼성에버랜드 출신 등 4명의 부동산 전문인력을 영입했다. 마이애셋자산운용이 2004년 8월 19일부터 '마이애셋 부동산 펀드 1호'를 발매했다. 최초 설정일은 2004년 8월 25일이다.

　이번에 출시된 펀드는 최근 부동산 경기의 하락에도 불구하고 각광을 받고 있는 지역인 화성시에 위치한 아파트 개발사업에 대한 프로젝트 금융의 형태로 투자된다.

　펀드 모집금액은 총 352억 원이며, 이 중 350억 원이 프로젝트 금융으로 아파트 사업에 투자된다. 본 프로젝트는 외환은행이 참여하여 부동산 펀드와 공동으로 투자하는 신디케이티드론 방식이다.

　이 아파트 사업에 대한 시공사는 시장에서 보수적인 경영으로 소문이 나 있는 임광토건으로, 시공사는 분양률과 관계없이 책임준공을 하고 펀드금액에 대해 연대보증을 제공함으로써 펀드의 안정성을 확보했으며 분양수입금을 외환은행과 더불어서 펀드에서 직접 관리함으로써 자금운용의 리스크를 최소화했다.

이 펀드는 시행사인 해밀건설에 350억 원을 대출해 주고, 시행사는 경기도 화성시 봉담읍 와우리 아파트 개발사업에 투자하게 된다. 대출기간은 33개월(2004. 8.~2007. 5.)로 연 9.5%의 이자는 3개월 단위로 후취조건이다. 시행사인 해밀건설이 기한의 이익을 상실할 경우 시공사인 임광토건이 연대보증인으로서 대출금의 상환을 보증한다.

목표배당률은 보수 차감 후 연 8%이고 동양오리온투자증권, 동원증권, 신영증권, 한화증권, 현대증권 등에서 펀드의 판매를 맡는다.

이 투자신탁은 시행사로부터 수취하는 대출이자를 주된 수입원으로 하는 상품으로서 우량시공사의 지급보증을 통해 부동산투자에 따른 안정성은 확보되어 있으나, 환매가 자유로운 다른 투자신탁에 비해 환금성이 상대적으로 미흡한 편이다. 따라서 이 투자신탁은 장기간의 안정적 수익을 추구하는 투자자에게 적합하다.

부자아빠하늘채 부동산투자신탁 1, 2, 3호

한국투자신탁운용은 부자아빠하늘채 부동산투자신탁 1호와 TAMS하늘채 부동산투자신탁 2호를 2004년 6월 10일 발매했다. 운용기간은 각각 2년이고 모두 공모방식이다. 예상수익률은 7.1%를 제시했다. 모집금액은 1호 펀드가 450억 원, 2호 펀드가 290억 원을 모집해 용인 삼가지구(신행정타운) 코오롱

하늘채 아파트 신축사업에 투자한다. 모집결과 1호 펀드는 모집금액 450억 원의 배가 되는 1,000억 원이 모였다.

부동산 펀드인 '부자아빠하늘채 부동산투자신탁 1호'는 신행정타운이 들어서는 경기도 용인시 삼가지구 아파트(약 2200가구) 신축사업에 프로젝트 파이낸싱 형태로 투자하여 사업성을 담보로 자금을 빌려 준 뒤 대출이자 및 펀드 운용 수익을 나눠주는 방식으로 운용된다.

이번 펀드는 특히 시행사의 소유 부지에 담보권을 설정하고 시공사의 지급보증을 받는 형태로 되어 안정성이 확보된 것으로 평가받고 있다. 또한 펀드 만기 이전에 자산유동화증권(ABS) 발행을 통해 대출채권을 회수하는 특별장치가 마련되어 투자자들은 아파트 분양여부와 관계없이 투자금을 회수할 수 있는 장점이 있다.

투자기간은 2년이며 최소 가입금액은 1,000만 원이다. 중도에 해지할 수 없으나 펀드가 상장될 예정이어서 거래소를 통한 매매로 중도에 투자금액을 회수할 수 있다. 투자기간 동안 투자로 얻게 되는 수익은 연 7.1% 수준이 예상되며 6개월 단위로 수익금이 지급된다.

또 대우증권은 2004년 7월 2일부터 6일까지 연 7.0%의 수익이 예상되는 '부동산 특별자산펀드'를 판매했다. 대우증권의 '부동산 특별자산펀드'는 간접자산운용법 시행에 따라 선보이는 부동산 관련 상품으로 용인시 신행정타운에 위치할 코오롱 하늘채 아파트 개발사업의 확정금리 대출채권에 투자한다.

이 상품은 확정금리 대출채권에 투자하는 만큼 연 7.0% 수준의 수익을 안정적으로 달성할 수 있도록 구조화되어 있으며 3개월 단위로 수익금을 투자자에게 분배하고 만기는 1년 11개월이다.

이번 부동산 특별자산펀드는 실물 부동산에 직접 투자하는 기존의 부동산 펀드와 달리 부동산 시세의 움직임에 따른 영향을 받지 않고, 코오롱건설(BBB+)의 지급보증과 토지에 대한 담보설정을 통해 원리금에 대한 안정성을 보다 강화했다.

이번 대우증권의 '부동산 특별자산펀드'는 300억 원 규모로 공모했으며 별도의 자격 제한 없이 500만 원 이상 투자할 수 있다.

부자아빠베네하임 부동산투자신탁 3호는 2004년 9월 3일 발매했다. 모집금액은 348억 원이고 예상수익률은 7.7%로 1, 2호보다 다소 높다. 이 상품은 강남의 압구정역 인근에 있는 근린상가 2동에 대한 신축 및 리모델링 사업에 투자하게 된다.

이 펀드는 2005년 3월 3일 한국투자신탁운용이 1구좌당 약 191원을 현금배당한다고 분배공고를 냈다. 분배금총액은 약 13억 2,785만 원이다.

부동산 펀드의
수익성 분석 평가는?

부동산 펀드는 수익성 면에서 일단 경쟁력을 갖췄다는 평가를 받고 있다. 연 수익률이 7% 이상으로 3%대에 머물고 있는 은행 금리와 비교할 때 리스크 대비 수익성이 뛰어난 편이다. 그러나 장밋빛 장래만이 있는 것은 아니다.

부동산 펀드의 성패는 이익을 낼 물건을 확보했느냐와 어떤 상품 구조를 선택하느냐에 달려 있다. 일부 자산운용사의 경우 수익을 낼 수 있다는 기대감과 신상품에 대한 투자열기만 믿고 상품을 내놓고 있어 환매 시점에 문제가 생길 수도 있다.

부동산 전문가들은 이미 발매한 맵스프론티어 부동산 펀드 1호 상품의 경우 경기도 파주의 전원형 빌라, 용인시 신가동 아파트 등에 투자하는데 분양성이 썩 좋은 곳은 아니라고 평가한다. 예컨대 2005년 8월에 분양할 파주 빌라의 경우

32평형 분양가가 3억 8,400만 원으로 잡혀 있어 주변 시세를 웃돈다.

이에 대해 맵스자산운용 관계자는 직접 개발이 아닌 프로젝트 파이낸싱이어서 은행 대출처럼 안전하고 이자를 미리 떼기도 하므로 큰 위험은 없으며 시공사에 대한 안전장치를 해뒀다고 말했다.

하지만 분양이 안 될 경우 시행사·시공사는 어떤 방식으로든 손해를 떠안아야 한다. 요즘 부동산 펀드는 프로젝트 파이낸싱 방식이 대부분이어서 투자자가 손해를 볼 위험은 적지만, 분양성이 확실치 않은 상품을 대상으로 한 펀드가 늘 경우 분양시장 전반에 악영향을 미칠 수 있다.

부동산 펀드의
특징은?

신종 간접투자 상품인 이 펀드는 연간 수익률이 7%대로 은행의 정기예금 금리(연 3.8% 수준)보다 훨씬 높은 데다 500만~1,000만 원 정도의 소액투자로도 이용할 수 있다는 이점이 있어 앞으로 크게 확산될 전망이다.

부동산 펀드는 일반투자자들의 돈을 모아 전문가에게 맡겨 부동산에 투자하는 간접투자 상품이다. 예상대로 판매 당일이나 2~3일 만에 매진되는 '빅히트'를 기록하고 있다.

부동산 펀드에 투자하는 요령은 펀드와 부동산의 특징을 제대로 파악하는 것이다. 먼저 펀드는 원금이 보존되지 않는다. 많은 수익을 얻을 수도 있지만 그것은 보장된 수익이 아니다. 손해를 볼 수도 있다. 그러므로 예상수익률을 그대로 믿고 가입하는 것은 금물이다.

펀드는 또 일반투자자를 상대로 공모를 통해 자금을 조성한다. 따라서 500만 내지 1,000만 원 정도면 누구나 투자할 수 있다. 펀드로 조성된 큰돈은 투자수단을 다양하게 하여 상대적으로 위험도 줄여준다. 이것이 펀드 상품의 최대 장점이다.

펀드는 전문가를 통한 간접투자이다. 일반적으로 개인투자자보다는 투자전문가의 운용성과가 더 우수하다. 따라서 투자대상을 고르는 전문인력의 역량이 중요시된다. 그러므로 펀드 가입시 정확하게 사업성을 판단할 수 있는 전문가가 확보되었는지 살펴봐야 한다.

그럼, 부동산 펀드만의 특징은 어떤 것이 있을까?

첫째, 투자대상이 다양하다. 개발사업, 임대사업, 실물 구입, 해외 부동산 펀드투자 등 돈이 되는 부동산이면 눈독을 들일 수 있다. 그만큼 선택의 폭이 넓다는 것이다. 따라서 '고위험 고수익' 개발사업에 투자하는지, 안전한 부동산에 투자하는지도 확인해야 한다.

둘째, 투자대상 부동산에 따라 수익이 달라진다. 같은 부동산이라 하더라도 가격은 천차만별이다. 부동산 펀드 수익률도 마찬가지이다. 경기 침체 때 임대용 부동산에 투자했는데 공실률이 높다면 수익을 내기가 힘들고 원금 환매도 제한될 것이다. 따라서 가입 전에 대상 부동산과 환매 제한 사유를 철저히 파악해야 한다.

셋째, 대부분 장기투자이다. 1년 미만의 상품도 간혹 있기는 하지만 대부분 만기 1~3년 후 상품이 주를 이루고 있다.

빌딩을 매입해서 운영하는 수익성 상품의 경우 만기가 5년 안팎이며, 8~10년짜리 초 장기 연금형 상품도 선보일 것으로 보인다. 따라서 투자기간 동안 자금이 묶인다는 점에 유의해야 한다. 또 운용기간 동안 환매가 금지된다. 물론 상장되면 증권시장에서 사고 팔 수 있지만 수요자가 많지 않을 경우 원금 회수가 어려울 수밖에 없다.

넷째, 부동산 펀드의 특징을 살펴보면 가격하방 경직성이 강한 부동산에 투자하기 때문에 주식투자에 비해 상대적으로 위험부담이 낮다. 그러면서도 채권에 투자하는 것보다는 다소 높은 연 7~8%대 이상 수익률은 기대할 수 있다. 그러나 리스크를 줄일 안전장치가 필요하다. 사업시행자가 부도 나거나 경기 악화로 투자된 부동산값이 폭락할 수도 있다. 그러므로 위험 분산장치가 제대로 되어 있는지 확인해야 한다. 부동산 펀드는 은행예금보다 높은 수익률을 안정적으로 기대할 수 있어 상당히 매력적이다.

저금리를 극복하는 대안이 될 수 있으므로 꼼꼼하게 따져보고 내 상품으로 만들어 보자.

부동산 펀드는 원금이 보장되지 않으므로 펀드가 투자할 사업의 위험성과 안전장치를 꼭 짚어봐야 한다. 운용기간이 2~3년이고 중간에 환매할 수 없다. 특히 빌딩·상가 등을 사서 임대수익을 투자자에게 나눠주는 사모 펀드는 5년 이상의 장기 상품이므로 반드시 여유돈으로 투자해야 한다.

아파트나 빌라 등의 개발사업은 관련 인허가를 마쳤거나 별다른 규제가 없어야 한다. 또 분양 수익금을 정산할 때 시행사의 사업이익이나 시공사의 공사비보다 펀드의 대출원금을 먼저 지급한다는 보장이 있어야 한다.

사모 펀드는 위험도가 높다. 사모형은 고위험 고수익(high risk, high return) 구조여서 공모형보다 1~3% 정도 높은 수익이 가능하지만 그만큼 투자위험도 크다. 정부의 사전승인 없이 자산운용사가 임의로 투자자를 모집한 뒤 사후보고만 하기 때문이다. 결국 투자에 따른 책임과 이득을 사모 펀드에 참가한 투자자들이 모두 감수해야 하는 것이다.

부동산 펀드투자 제대로 알고 하자

..... 비과세, 안정성 '일거양득'

　부동산 펀드는 투자자들로부터 자금을 모아 전문가가 엄선한 다양한 부동산, 즉 부동산 개발사업, 수익성 부동산, 프로젝트 파이낸싱 및 ABS 등에 투자운용 관리하고 이로 인해 발생하는 수익금을 분배하는 간접투자 상품이다.
　부동산 직접투자는 비전문가인 개개인의 투자판단에 근거하고 부동산 시장의 흐름을 좇는 투자로, 투자대상 부동산과 매입 및 매도 시점에 따라서 높은 수익을 얻을 수 있는 장점이 있다. 그러나 거액의 자금이 필요하고 하나의 부동산에 집중투자하므로 투자위험이 증대하는 단점이 있다.
　그러나 부동산 펀드는 부동산 사업분야별 전문가에 의한 철저한 분석과정을 통해 투자를 결정하고 자산운용을 수행하며, 취득세 및 등록세 등의 감면효과로 인한 세제혜택, 투자 지역별 그리고 부동산 형태별 포트폴리오 분산투자 효과를 기대할 수 있으며, 소액으로도 안정적이고 신뢰성 있는 대형 부동산 투자가 가능하다. 또한 전문가와 제도적 장치 등으로 적절한 리스크 관리가 된다는 측면에서 일반인이 직접 부동산에 투자하는 것과 큰 차이가 있다.

부동산에의 간접투자는 리츠회사의 주식을 사거나 은행의 부동산 신탁을 통해 간헐적으로 할 수 있었다. 그러나 리츠는 상품의 다양성이 부족해 일반투자자들이 활용하기가 용이하지 않으며, 은행의 부동산 신탁은 순식간에 판매가 완료될 정도로 인기는 높았지만 상품 형태가 단순하고 제한적이다. 하지만 이제는 부동산 펀드의 도입으로 더욱 다양한 형태의 부동산 간접상품을 구입할 수 있고 일반투자자들이 쉽게 선택할 수 있게 되었다. 또 부동산 운용의 전문성과 효율성을 제고해 보다 안전하게 수익을 극대화할 수 있는 여건이 마련되었다고 볼 수 있다.

부동산 펀드의 투자방법은 매우 다양하다. 아파트나 빌라 등의 주거형 부동산이나 오피스텔 등의 수익형 부동산 개발사업에 투자할 수 있으며, 대부분의 리츠회사 투자방식과 같은 기존의 사무용 빌딩을 사서 임대수익을 얻어 투자자들에게 수익을 분배할 수도 있다. 또 부동산 개발사업자에 대한 자금대여 및 부동산 관련 유가증권에 투자해서 수익을 낼 수도 있다. 다시 말해 주식형 펀드가 주식편입비율에 따라 기대수익과 위험이 반비례하듯이 부동산 펀드도 유사한 형태를 띠게 될 것이다. 부동산사업자에 대한 자금대여 형식이나 빌딩 임대수익형은 상대적으로 위험은 작으나 안정적인 수익을 얻을 수 있으며, 개발사업에의 투자는 사업의 위험성은 크지만 커다란 수익을 낼 수도 있다.

즉 임대수익형 빌딩의 매입가격이 과도하게 높다거나, 경기 악화로 임대한 빌딩의 공실이 증가하거나, 임대료가 낮아지면 수익하락이 불가피하다. 개발사업에 투자하는 경우에도 그 사업이 실패하거나 경우에 따라 관리부실로 원금 손실을 피할 수 없을 것이다.

다만, 부동산에 대한 권리 등의 담보력이 있는 것이 긍정적인 면이다. 이와 같이 부동산 펀드도 그 투자대상 및 투자형태에 따라서 안정적 수익형, 고수익 추구형 등 다양한 내용의 상품이 출시될 전망이다.

투자대상물 및 운용인력을 꼭 확인하라

한국투자신탁증권의 경우 판매 첫날 설정금액(500억 원)의 절반이 매각되는 등 투자자로부터 인기를 끌고 있다. 그러나 부동산 펀드 역시 실적배당 상품이므로 여러 가지를 잘 살펴야 목표하는 수익을 제대로 올릴 수 있다. 부동산 펀드투자 시 유의할 점을 점검한다.

관리전문인력이 있는지 반드시 점검한다

부동산 펀드는 투자실적을 분배하는 간접투자 상품으로 원금이 보장되지 않는다. 즉 투자대상 및 운용 결과에 따라 수익이 날 수도 있고 손해를 볼 수도 있다. 따라서 펀드의 투자대상이 무엇인지, 그 투자대상의 부동산에 내재된 투자위험은 없는지 등을 살펴야 한다.

부동산 펀드를 운용하고 관리할 전문인력에 대한 점검도 중요한 요소이다. 부동산 펀드의 성공요소는 사업성 검토와 각종 리스크 관리라고 할 수 있다. 정확하고 객관적인 사업성 분석과 진행과정에서 발생할 수 있는 각종 리스크 요인을 분석하고 대응할 수 있는 펀드매니저의 전문적인 운용역량을 점검해야 한다. 그리고 펀드매니저 한 사람의 능력보다는 펀드 운용을 담당할 전문가 그룹의 종합적인 역량을 살펴야 할 것이다. 전문인력은 각 상품의 투자설명서를 보면 알 수 있다. 현재 전문인력을 갖추지 못한 회사는 기존의 금융펀드 운용 전문가들을 대상으로 40~50시간 부동산 운용 교육을 실시해야 한다.

다음은 투자위험을 줄일 수 있는 각종 안전장치에 대한 점검이다. 즉 부동산사업과 관련되어 시행사나 시공사는 안전한지, 수익성 부동산이라면 부동산 관리업무는 효율적으로 이뤄질 것인지 등을 체크해야 한다.

또한 투자금 및 투자금 집행과정, 수익금 및 수익금 관리 등에 대해서도 철저하게 체계적으로 관리되는지를 살펴봐야 한다. 그리고 각종 부동산 투자와 관련해 인·허가에 따른 위험과 각종 법규를 지켜야 하는 제도 및 법적인 위험도 잘 관리될 수 있어야 한다.

중도 환매를 할 수 없다

부동산 펀드는 중도 환매가 되지 않는다는 점을 염두에 둬
야 한다. 부동산 펀드는 투자기간이 리츠(5년)보다는 짧지만 운용기간에는 환매가 금지되어 있다. 또 이익 등의 분배만 할 수 있기 때문에 투자금 회수기간을 고려해야 한다.

물론 수익증권을 상장하여 거래소를 통해 시장에서 매각하면 투자금 회수가 가능하지만 유동성에 제약이 있을 수 있다는 점을 고려해야 한다.

끝으로 부동산 펀드에 접근하는 투자자의 태도이다. 부동산 펀드는 일반적으로 하방경직성이 강한 실물 자산에 투자하므로 주식이나 채권투자에 비해 상대적으로 안전한 투자 대상이라고 할 수 있다. 그러나 부동산 펀드를 20~30%의 고수익을 내거나, 투자 부동산의 자산가치 상승으로 인한 2~3배의 횡재를 바라고 투자하는 상품으로 인식해서는 안 된다. 이제까지 자산이 예금과 주식, 채권 관련 금융 상품에서 부동산이라는 새로운 자산군(群)이 포함되어 더 효율적인 금융 상품 포트폴리오를 구성하므로 기대수익은 높이고 위험은 줄일 수 있는 기회로 활용해야 할 것이다.

자산 배분의 관점에서 20~30% 정도를 부동산 펀드에 투자하는 것이 바람직할 것이다. 또한 연 4%대의 확정 금리를 지급하는 예금보다 높은 수익을 기대할 수 있으며, 주식보다는 그 가격변동성이 상대적으로 작은 연 6~8% 수준의 수익을 기대할 수 있는 하나의 금융 상품으로 인식하고 투자하는 것이 합리적인 생각이다.

진화하는 부동산 펀드, 전방위 확장중이다

2004년 큰 인기를 모았던 부동산 펀드가 2005년부터는 본격적으로 진화하고 있다. 하나의 아파트 건설사업에 자금을 대출하고 이자를 받는 일률적인 방식에서 벗어나 부동산 경매나 임대료로 수익을 올리고, 해외 부동산 펀드에 투자하는 등 투자방식과 범위가 다양해지고 있다.

올해 부동산 시장의 전망이 흐린 가운데, 부동산 펀드는 이처럼 변신을 통한 생존을 모색하고 있다.

경매 임대료로 수익을 올린다

현대증권은 2005년 1월 24일부터 국내 최초로 부동산경매 펀드를 판매했다. 이 펀드는 일반인이 쉽게 접근하기 어려운 법원의 부동산 경매나 공매에 참여해 부동산에 투자한다.

현대증권은 "부동산 시장이 불황이어서 경매·공매투자를 하기에 적기라며 향후 부동산 가격이 오르면 높은 수익이 예상된다."고 설명했다.

국내 부동산 펀드 분야에서 선구적인 역할을 해온 맵스자산운용도 최근에는 좀 다른 성격의 펀드를 내놨다. 2004년 12월 말 판매한 '맵스프런티어 부동산 펀드 5호'는 서울 송파구에 있는 동원증권 빌딩을 사들여 3개월마다 임대료를 배당하고, 빌딩 값이 오르면 매각을 통해 추가 수익도 얻을 수 있다.

맵스자산운용사의 상품개발팀장은 "부동산 경기가 좋지 않아서 기존의 방식대로는 상품을 내놓기도 어렵고 위험도 커 임대료 등으로 수익을 올리는 부동산 펀드를 내놨다."며 펀드 모집금액 187억 원이 금방 모일 정도로 반응도 괜찮다고 설명했다.

또 산은자산운용은 기존의 부동산 펀드처럼 아파트 개발사업 대출채권에 투자하지만, 투자사업을 4곳으로 다각화하고 만기를 3~26개월로 다양화한 펀드를 내놔 980억 원을 모았다.

해외 부동산에도 투자한다

해외의 부동산에 투자하는 펀드들도 속속 등장하고 있다. 국내 부동산에 투자하는 펀드가 많이 생겨 국내에서는 투자할 부동산을 찾기가 쉽지 않아지면서 해외로 투자폭을 넓히고 있는 것이다. 한국투자신탁증권은 지난 2004년 12월 28일 국내 최초로 해외 부동산에 투자하는 사모 펀드를 판매했다.

우림건설의 미국 현지 법인인 PBH는 미국 미저리주 캔자스시의 호텔형 고급 아파트 분양사업에 국내에서 270만 달러 규모의 부동산 펀드를 조성해 투자한다고 밝혔다. 건물 규모는 지하 1층에 지상 19층, 연면적 9400평으로 기존 오피스 빌딩을 아파트로 리모델링하는 것이다.

그 동안 국내 부동산의 개발 및 임대사업을 대상으로 한 것은 많았지만 해외 부동산 개발사업에 투자하는 펀드는 이번이 처음이다.

'탐스미국부동산특별자산신탁 2호'로 이름지어진 이 펀드는 한국투자신탁증권이 2004년 12월 28일부터 사모 형태로 모집했으며 만기 2.6년, 연 12% 정도의 수익을 예상하고 있다.

이번 사업에는 PBH(Pacific Bridge Holdings) 외에도 미국 현지 개발회사 및 다국적 기업이 투자컨소시엄을 형성해 참여했다. 총사업비는 5,600만 달러이며 투자컨소시엄과 우림건설 투자분, 미국 현지 은행의 건설자금대출 등을 제외한 나머지를 펀드로 모집한다. 우림건설의 관계자는 "미국 등 해외 부동산 펀드를 추가로 준비중이며, 앞으로 중국·필리핀 등 아시아 부동산 개발사업에도 적극 참여할 계획"이라고 말했다.

해외의 부동산 펀드에 재투자하는 상품도 있다. 도이치자산운용은 지난 2005년 1월 중 아시아·유럽·미국의 부동산투자신탁(리츠)에 자산의 30% 정도를 투자하는 펀드 오브 펀드를 내놓았다.

펀드 오브 펀드는 부동산 실물 투자펀드들과 달리 언제든지 환매가 가능하다는 장점이 있다. 도이치투신은 또 해외의 계열사에 위탁 운용하는 해외 부동산 펀드도 검토중이다.

대한투자신탁운용도 2005년 2월부터 부동산과 귀금속·천연자원 등 해외 실물 펀드에 투자하는 펀드 오브 펀드를 개발해 국민은행에서 판매하고 있다. 이런 부동산 펀드들은 은행 이자의 2~3배에 이르는 수익을 제시하고 있지만 주의할 점도 있다. 부동산 펀드 등 실물에 투자하는 펀드 수익은 경기와 밀접한 관련이 있기 때문에 업황에 대해 잘 판단하고 투자해야 한다.

국민은행은 일본의 부동산투자회사에 투자하는 '재팬-리츠(Japan-REITs)재간접투자신탁'을 2005년 3월 15일부터 전국 16개 PB센터에서 판매했다. 부동산투자회사에 투자해 실물에 투자하는 것과 같은 효과를 내는 것이다.

'재팬-리츠재간접투자신탁'은 연 3% 이상의 배당 수익과 부동산투자회사의 주가 상승에 따른 시세 차익을 동시에 노리는 펀드이며, 한국과 일본간 금리차이에 따라 추가 수익을 얻을 수도 있다.

최소 1,000만 원 이상은 가입해야 한다. 1년 이내에 환매하면 투자금액의 2~5%를 환매수수료로 내야 한다. 일본 리츠 시장이 활황세를 보이고 있으나 일부에서는 과열되었다는 지적이 있다.

푸르덴셜증권도 3월 21일부터 전 세계 부동산 관련 유가증권과 부동산투자회사의 주식에 투자하는 '글로벌 부동산

증권펀드(GRES)'를 판매했다. 이 상품은 투자자산이 국제적으로 분산되어 특정 국가의 부동산 가격하락에 따른 손실을 줄일 수 있다는 것이 장점이다.

운용은 미국의 푸르덴셜부동산투자(PREI)가 맡는다. 최소 가입 금액은 1,000만 원이며 매일 환매가 가능하다. 수수료는 가입시 투자금액의 1.4%를 내고, 운용성과에 따라 최대 2%의 수수료가 부과된다. 푸르덴셜부동산투자 측은 비슷한 유형의 부동산 펀드가 최근 3년간 20%, 5년간 14%의 수익을 냈다고 밝혔다.

또 아파트 분양사업 등에 투자하는 부동산 펀드의 경우 대부분 한 번 투자하면 만기일까지 돈을 돌려 받을 수 없고, 분양률이 낮으면 투자금 회수가 늦어질 수 있다는 점 등도 유의해야 한다.

다양해지는 부동산 펀드

유 형	특 징	짚어볼 것
상가·빌딩 펀드	상가나 빌딩을 매입해 임대수익과 건물가격 상승을 노리는 펀드	임대가 잘 되는 지역인가?
임대주택 펀드	임대아파트를 사들여 장기임대한 뒤 수익을 돌려주는 방식	매매가 대비 임대료가 높은 임대주택에 투자하는가?
후분양 재건축 펀드	후분양하는 재건축아파트에 공사비를 대주고 대출이익을 얻는 구조	분양성이 좋은 강남권 등의 재건축아파트인가?
해외 부동산 펀드	국내 자산운용사가 외국계 펀드에 다시 투자해 이익을 배분받는 방식	투자대상 국가의 위험요인은 없는가?
유통시설 펀드	할인점 등을 매입해 다시 임대하는 방식으로 수익을 내는 펀드	유통망이 크고 소비자 선호도가 높은 유통시설인가?
SOC 펀드	발전소·댐 건설 등 사회간접자본시설에 공사비를 대주는 펀드	투자금 회수시점이 언제인가?

〔자료 출처 : 중앙일보 2005. 3. 9.〕

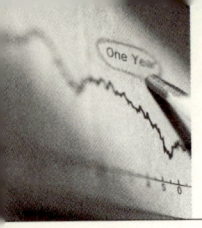

제3장 | 부동산투자신탁(REITs)의 개요

CHAPTER 03

부동산 투자신탁(REITs)의 개요

부동산투자신탁(리츠)이란 무엇인가?

리츠란 부동산투자를 전문으로 하는 회사 또는 뮤추얼펀드를 말한다. 즉 다수의 투자자들로부터 금전을 위탁받아 부동산이나 부동산 관련 대출에 투자하고, 그 부동산으로부터 발생하는 수익을 투자자들에게 배당하는 회사 또는 투자신탁이 리츠이다.

리츠의 지분은 부동산증권화 상품으로, 대부분 증권거래소에 상장되어 거래된다. 지분을 상장하기 때문에 기존의 부동산 신탁이나 조합 형태의 부동산 펀드에 비해 유동성과 환금성이 높은 투자수단이다. 따라서 리츠는 투자대상이 부동산이지만 리츠의 지분은 자본시장과의 결합을 통하여 금융 상품화되는 부동산 증권화 상품의 주요한 형태라고 할 수 있다.

포괄적 의미에서 부동산에 투자하는 펀드의 등장은 1880년대의 메사추세츠 비즈니스신탁을 들 수 있다. 19세기 당시

메사추세츠주 법은 기업의 비업무용 부동산 소유를 허용하지 않았기 때문에 이러한 규정을 회피하기 위하여 부동산투자를 위한 신탁펀드를 조성하였다. 이들 신탁자금은 19세기 동안 자본이 뉴잉글랜드 지방에서 서부의 부동산투자로 이동하는데 큰 공헌을 하였다. 현재와 같은 법적 실체를 갖춘 리츠의 골격이 갖추어진 것은 1960년 미 의회의 미국세법인 미연방국세청 법조항(Internal Revenue Code : 1954년에 제정된 미국의 세법 또는 연방 조세 법률을 구성하는 법령들의 복잡함을 포괄하는 용어) 개정 이후라고 할 수 있다.

미국 이외에 유럽, 호주 등에서도 넓은 의미에서 리츠로 분류할 수 있는 상장 부동산 펀드가 운영되고 있다. 영국의 PFs(Property Funds), 독일의 Open Equity Fund, 호주의 LPT(Listed Property Trusts), 일본의 SPC(Special Purpose Company) 등이 그것이다.

리츠가 도입, 성장하게 된 배경은 국가와 시대상황에 따라 서로 다르지만 중요한 요인은 크게 두 가지로 볼 수 있다.

★ 부동산 지분의 소액화를 통하여 소액 투자자에게도 부동산 투자기회를 부여하기 위한 목적에서 도입한 경우이다. 이 경우는 투자단위가 큰 부동산을 소액지분으로 분할 매각하여 소액 투자자에게도 부동산에 투자할 수 있는 기회를 부여하는 것을 목적으로 하고 있다. 소액투자자는 리츠를 통하여 부동산에 투자할 기회를 가질 뿐만 아니라 부동산 시장에 입장하려는 실수요자도 인

플레이션 위험 헤지 수단으로 활용을 할 수 있다. 1960년 미 의회에서 리츠를 제도화한 주 목적 중 하나가 소액 투자기회를 부여하기 위한 것이었다.

★ 리츠를 금융위기 해소나 구조조정을 앞당기기 위한 대책으로 활용하기 위해 도입한 경우이다. 리츠는 부동산 지분을 소액 단위로 증권화하고 이를 주식시장에 상장하여 유통시켜 유동성을 제고시키는 것이 가능하다. 따라서 금융위기나 구조조정시 기업과 금융기관이 보유한 부실채권이나 부동산을 증권화하여 매각을 용이하게 하여 금융위기를 조기에 해소하려는 목적에서 활용되기도 한다. 미국의 1980년대 말 부실 S&L(Savings and Loan Association) 처리, 호주의 부실 UPT(Unlisted Property Trusts) 처리과정에서 리츠와 같은 상장형 부동산 뮤추얼펀드가 적극적인 역할을 한 바 있으며, 금융위기 해소 과정에서 리츠산업이 성장의 기회를 얻게 된 것이다. 일본도 부실금융 문제를 해결하기 위하여 SPC 법을 개정한 바 있으며, 우리 나라도 IMF관리 체제를 겪으면서 기업과 금융기관의 막대한 부실채권을 해소하기 위하여 적극적으로 도입하게 되었다.

리츠가 되기 위한 요건은 무엇인가?

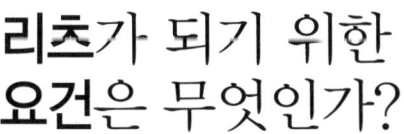

미국에서 리츠 회사가 법인세 면세혜택을 받기 위해서는 미국의 세법인 미연방국세청 법조항 제856장과 제858장(Internal Revenue Code : section 856 – 858장)에서 규정한 다음과 같은 요건을 충족시켜야 한다.

조직구성 요건(Organizational requirements)

사업의 주체는 법인(Corporation) 또는 신탁(Trust) 형태이어야 하며, 리츠 회사의 주주는 100인 이상이어야 하고, 5인 이하의 주주가 50% 이상의 지분을 소유할 수 없다. 이러한 조직구성 요건에 따라서 리츠 회사의 주식은 일반적으로 기관투자가(Institutional Investors) 또는 소액 투자자(Small Investors)로 분산 소유되고 있다.

자산구성 요건(Asset Requirements)

적어도 리츠 회사의 자산 중 75% 이상은 부동산 관련 자산, 현금 또는 정부 발행 유가증권에 투자되어야 한다. 이러한 자산구성 요건과 다음에서 살펴볼 수입구성 요건에 따라 리츠 회사는 부동산 관련 업무를 주요 업무로서 취급하도록 규정하고 있다.

수입구성 요건(Income Requirements)

리츠 회사 수입의 95% 이상은 배당수입, 이자수입, 임대수입 및 유가증권, 그리고 부동산 매각수입으로부터 나와야 한다. 또 리츠 회사 수입의 75% 이상은 임대수입, 부동산 관련 이자수입(예컨대, 주택저당증권 관련 이자수입), 부동산 매각수입 및 기타 리츠 회사 주식 투자수입(주식 매각수입 및 배당금)으로부터 나와야 한다.

한편 1년 미만 보유 유가증권의 매각수입 및 4년 미만 보유 부동산의 매각수입의 합계가 리츠 회사 수입의 30%를 초과해서는 안 된다. 이러한 규정은 리츠 회사로 하여금 부동산 및 주택저당증권에 단기적으로 투자하는 것을 제한하여 부동산 및 MBS의 장기 보유를 촉진하기 위한 규정이다.

배당 요건(Distribution Requirements)

리츠 회사의 세전수입(Taxable Income)의 95% 이상은 주주에게 배당되어야 한다. 이러한 규정은 리츠의 내부 유보를 제한하여 리츠의 성장성을 제약하는 요인으로 작용할 수 있으나, 리츠 주식 투자자 입장에서는 실현 이익이 매년 현금화된다는 점에서 유리하다.

이러한 미국의 세법인 미연방국세청 법조항에서 규정된 자격 요건에 따라 리츠 회사가 어떤 해에는 자격 요건을 충족하여 법인세 면세혜택을 받다가도 다음 해에는 자격 요건을 충족하지 못하여 법인세 면세혜택을 받지 못하는 경우도 종종 발생하게 된다.

03 리츠의 주요 특징은?

부동산 전문 투자펀드로서 리츠는 다음과 같은 특징을 가진다.

★ 투자지분을 소액 단위로 표준화, 증권화한 상품이라는 점이다. 따라서 부동산 지분을 소액 단위로 분할하여 증권화하고 자본시장을 통하여 다수의 투자자를 연결하는데, 특히 소액 투자자들에게 부동산투자의 기회를 제공하여 소액 투자자들도 부동산 경기 상승시에 발생하는 자본이득을 향유하는 것이 가능하다.

★ 기업공개를 통하여 부동산 지분의 환금성을 확보했다는 점이다. 유동성이 떨어지는 부동산을 소액 단위로 증권화하고 이를 상장하여 유동성이 높은 투자수단으로 변환하는 것이 가능하다. 리츠주식은 다른 주식과 마찬가지로 투자자들에게 신속한 투자원금 회수기회를 제공하

기 위하여 공개된 시장에서 매매된다. 따라서 리츠주식은 투자자들에게 부동산 자산을 손쉽게 매각하는 것과 같은 효과를 준다.

★ 투자수익의 원천은 자산운용을 통해 발생하는 현금흐름에 의존한다는 점이다. 리츠의 투자자는 기본적으로 투자수익을 보유자산의 운용을 통해 발생하는 정기적인 현금흐름에 의존한다. 수익의 배당기준은 운용수익을 기준으로 하는 만큼 감가상각이 감안된 회계적 수익보다 현금흐름이 중요하다.

★ 전문회사를 통하여 자산운용의 효율성, 투명성을 확보할 수 있다는 점이다. 전문 운용회사가 자산운용을 관리함으로써 효율성을 높일 뿐만 아니라 투명성도 강화되는 장점이 있다.

★ 성장보다는 배당의 안정성을 중시한다는 점이다. 발생수익을 거의 모두 투자자에게 배당하기 때문에 내부 유보를 통한 성장에는 제약이 있다. 또한 펀드규모의 확대는 주로 유상증자를 통해 이루어지기 때문에 지속적인 성장을 위해서는 투자자의 재투자가 필요하다.

★ 투자자 보호장치가 중요하다는 점이다. 간접투자펀드인 만큼 공시제도, 금융감독을 통해 투자자 보호장치가 뒷받침되어야 제도를 운영할 수 있다.

리츠 종류에는 어떤 것이 있는가?

리츠는 일반적으로 직접 소유형(Equity REITs : 지분형 리츠라고도 하며, 부동산으로 담보된 대출을 일으키는 것이 아니고 부동산을 소유하거나 지분 소유권을 갖는 리츠), 간접 소유형(Mortgage REITs : 모기지 리츠라고 하며, 부동산을 담보로 확보된 모기지를 보유하는 리츠) 및 혼합형(Hybrid REITs : 혼합형 리츠라고도 하며, 부동산과 부동산에 의하여 담보된 모기지 둘 다 소유하는 리츠)으로 분류하고 있다. 초기에는 직접 소유형 방법이 사용되다가 그 후 간접 소유형 방법이 중요시 되었다. 그러나 최근에는 다시 직접 소유형이 중요도를 가지게 되었다. 리츠의 종류도 아주 다양해지고 복합화하고 있다. 그러나 직접 소유형 리츠만을 협의의 리츠라고 하고, 간접 소유형 리츠는 REMTS, 혼합형 리츠는 혼합형으로 분류하기도 하지만 여기에서는 이 전부를 리츠로 분류한다.

직접 소유형 리츠

　실물 자산을 소유해서 운용하는 리츠를 말한다. 총투자자산의 75% 이상이 부동산 소유지분으로 구성되어 있다. 다른 회사와의 조인트벤처에 의한 공동소유형식도 채용한다. 쇼핑센터, 아파트, 병원 및 진료소, 사무소, 공장용 시설, 레스토랑, 호텔, 레크리에이션시설과 복수의 투자대상을 조립한 것 등이 있다. 부동산의 가치상승과 임대료상승을 동시에 기대할 수 있는 대상이 좋다.

간접 소유형 리츠

　모기지형 부동산투자신탁이란 총투자자산의 75% 이상이 부동산 관련 대출(Mortgage Loan)에 운영되고 있거나 주택저당증권에 투자된 리츠를 말한다.
　주로 토지매수융자, 개발 및 건설융자 등의 모기지론이다. 예전에는 단순융자형이 있었으나 오늘날에는 그 비중이 감소하고 있다. 지분(Equity)에의 전환권부 대출(Convertible Loan) 등의 참가형 대출(Participating Loan)이 증가하는 경향이 있다. 투자대상으로는 주택개발, 리조트개발, 상업개발, 단순저당권대출 및 이익참가형 저당권대출과 CMO[Collateralized Mortgage Obligations : 담보저당채권, 공동으로 자산조합(pool)을 구성하여 수익배분 형태로 매각된 부동산 모기지]가 있다.

간접 소유형 리츠는 직접 소유형 리츠에 비하여 위험이 높다. 시장 금리 동향에 민감하여 1983년과 같이 시장 금리가 높은 때에는 수익률이 높으나, 금리가 낮은 때에는 수익률도 낮다. 1960년에서 1970년 사이에 걸쳐 건설 및 개발금융이 중심을 이루었으나, 1974년에 간접 소유형 리츠는 재정난으로 도산을 많이 했다.

혼합형 리츠

직접 소유형 리츠와 간접 소유형 리츠를 혼합한 것이다. 직접 부동산을 소유하고 동시에 모기지론의 융자도 한다. 부동산의 가치상승에 따른 자본이득(Capital Gain)과 매년 규칙적인 이자수입에 의한 소득이득(Income Gain)의 이점을 동시에 향유할 수 있다. 간접 소유형 리츠에 비해서 수익이 안정될 수 있다. 그러나 직접 소유형 리츠의 투자에 비해서는 수익률이 적다.

기 타

오픈 엔드형 리츠와 클로즈드 엔드형 리츠

주식을 추가로 발행할 수 있는가 없는가에 의해 분류된다. 주식을 추가로 발행할 수 있는 것이 오픈 엔드(Open-End)형으로 추가 자금조달을 할 수 있는 것이 특징이다. 클로즈드 엔드(Closed-End)형은 주식을 추가로 발행할 수 없다.

무기한형 리츠와 기한형 리츠

초기의 리츠는 대개 무기한형이었으나 최근에는 일정기간 후에 소유부동산을 매각해서 잔여자금을 투자자에게 배분해서 리츠를 해산시키는 것이 있다. 무기한형 리츠는 배분할 시기를 미리 예정하지 못하여 대체로 장부가보다 낮은 가격으로 거래되고 있기 때문에 이러한 문제점을 해결하기 위해 생겨난 방법이 기한형 리츠이다.

기한형 리츠는 최저 5년에서 최고 39년짜리도 있으나 평균 10년에서 15년 사이에 걸쳐 있다. 또 기한형 중에도 확정기간 기한형과 유예기간 기한형이 있다. 유예기간 기한형은 관리자에 의해 운용되는 시간적 자유도가 높다.

수탁자 일임형 방법과 한정형 방법

Blind Pool은 수탁자 일임형이다. 취지서에는 광범하게 서술되고, 실제적인 추가판단은 수탁자가 판단한다. 신축성이 있는 반면 투자제안시에는 대상이 확정되지 않고 투자시점에서 확정되는 타임래그(time-lag) 사이에서 투자자에게 피해가 있을 수 있다는 단점을 가지고 있다.

이에 비하여 Specified Pool은 특정지역, 특정부문 또는 특정물건을 한정하는 것이다. 한정형의 장점은 투자 예상자들에게 취득하려고 하는 재산에 대하여 사전 정보를 충분히 제공할 수 있다는 것이다. 한정형의 예로는 쇼핑센터의 소유, 호텔 리미티드 파트너에의 대출, 병원의 리스 백, 미국 서해안지역의 소유나 대출, 일리노이주의 기업이나 마이 홈 소유자의 대출과 특정공업용 부동산의 소유 등을 들 수 있다.

리츠의 조직과 구조는 어떻게 되는가?

<<< **리츠의 조직과 구조도**

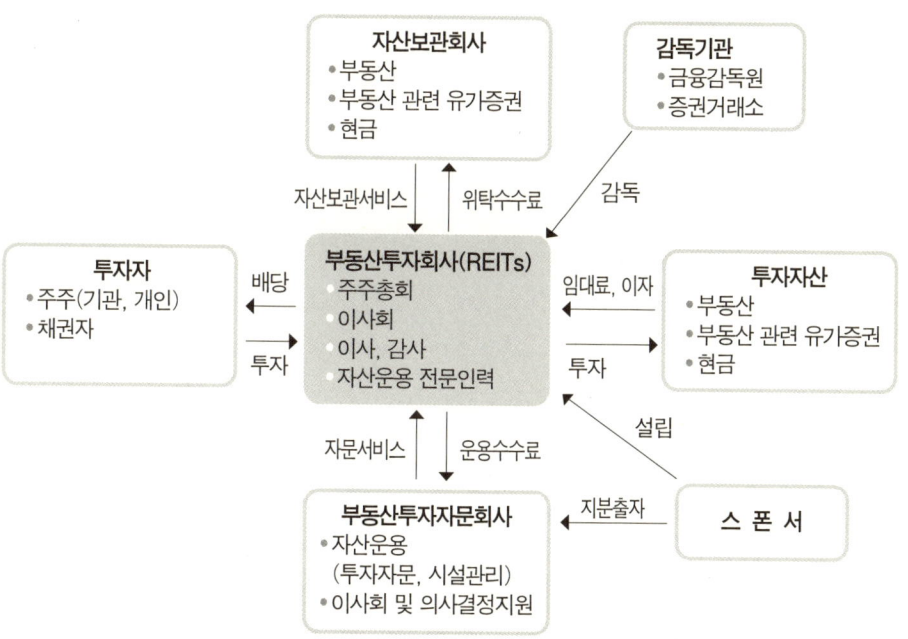

리츠의 지분은 부동산을 증권화한 상품으로 리츠를 중심으로 부동산 시장과 자본시장의 이해당사자들이 상호 연결된 구조로 되어 있다. 특히 부동산 시장과 자본시장에서의 이해당사자들이 리츠를 통하여 상호 연계될 뿐만 아니라 리츠산업을 위한 새로운 에이전트도 창출한다. 리츠의 일반적인 구조는 다음과 같다.

스폰서는 리츠의 발기인으로 리츠를 설립하고 리츠의 내부 의사결정권을 사실상 지배하여 투자자금을 모집하고 운용하는 역할을 한다. 설립된 리츠는 자본시장에서 각종 유가증권을 발행하여 투자자를 모집하고 이 자금으로 부동산을 매입하게 된다. 리츠의 스폰서가 되는 주요 경제주체로는 부동산 개발업자, 건설회사, 은행, 유한회사, 일반회사 등이 있다.

리츠가 보유한 부동산의 관리 및 운용은 리츠의 내부조직을 이용하는 것과 별도의 자산운용회사에 위임하는 것이 가능하다. 리츠의 자산운용 기능은 단순히 부동산의 임대차, 관리, 유지, 보수, 사무수탁 등과 같은 부동산관리 기능뿐만 아니라 리츠가 보유한 부동산의 매매, 중개, 감정평가, 회계, 법률, 리서치 등의 기능을 포함한다.

자산운용 기능을 리츠 내부에 두어 자기관리의 형태를 취하더라도 별도의 자산운용회사를 자회사로 설립하고 그 자회사가 운용위탁을 받아 리츠의 자산을 관리하는 것이 일반적이다.

리츠산업과 관련하여 부동산 시장 및 금융시장의 다양한 외부 이해당사자들이 참여한다. 신용평가회사는 리츠가 발행하는 주식과 회사채에 대한 신용을 평가하고, 주간사 금융기관은 리츠를 대신하여 리츠의 기업공개, 유상증자 등을 담당한다. 부동산정보회사는 투자자와 리츠의 자산운용회사에게 각종 투자정보 및 부동산 관련 정보를 제공한다. 그 외에 유가증권을 보관하는 유가증권보관회사, 리츠가 발행하는 주식의 모집과 판매를 대행하는 판매회사 등도 참여한다. 증권거래소, 금융감독원 등과 같은 정부조직도 리츠가 발행하는 유가증권의 관리 및 감독 기능을 담당한다.

일반적으로 리츠에 대해서는 조세혜택이 부여되므로 조세회피 수단으로 남발되지 않도록 하기 위하여 리츠를 설립하는 데에는 엄격한 자격요건이 있다. 미국의 경우 리츠 자격을 취득하기 위해서는 조직 형태 요건, 자산구성 요건, 수익구성 요건, 이익분배 요건 등을 만족해야 한다.

조직 형태 요건은 리츠의 법적 형태를 규정하고 투자자 확보를 위한 목적을, 자산구성 요건은 리츠가 부동산 전문 투자펀드임을 규정하기 위한 목적을, 소득구성 요건은 리츠의 사업을 소극적인 부동산 운용사업으로 제한하기 위한 목적을, 이익배당 요건은 내부유보를 통해 법인세를 회피하는 것을 방지하기 위한 목적을 가지고 있다.

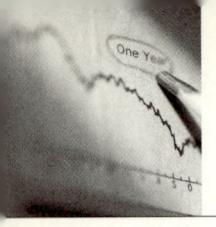

제4장 | 외국의 부동산투자신탁

CHAPTER 04

외국의 부동산투자신탁

미국의 부동산투자신탁

미국의 부동산투자신탁

　미국의 부동산투자신탁인 리츠는 부동산에 대한 전형적인 간접투자 형태이다. 리츠는 간접투자 형태인 펀드가 부동산을 구입하여 관리하고 연간 6~9%의 수익을 수년간 창출·분배하면서 소유하고 있는 리츠 주식에 대하여도 연간 5~10%의 가치상승을 달성하여 주는 건전하고 튼튼한 투자기회를 제공하고 있다.

　리츠는 적은 자본을 투자하는 다수의 투자자들에게 전국에 산재하고 있는 대규모의 첨단 고층빌딩이나 화려한 쇼핑몰, 대단위의 임대주택 등에 투자할 수 있는 기회를 제공하고 있다.

　미국의 리츠는 해를 거듭하면서 일반주식보다 높은 배당금을 꾸준히 제공해 왔다. 지난 30년간 평균수익률은 11.4%

이며 이 가운데 7~9%가 배당수익률이고 나머지는 주가상승분으로 구성되어 있다. 이렇게 부동산을 통하여 일반 우량주에 버금가는 주식가격상승과 환금성을 제공하여 주며, 투자에 대하여도 부동산의 안정성을 제공하는 우수한 투자상품이다. 또한 개인적으로 부동산에 투자하는 경우와 달리 공개된 시장에서 투자자금을 조달할 수 있는 자본력을 가진 주식회사이기도 하다.

미국의 리츠 투자수익률

미국의 리츠 투자수익률은 경기변동에 민감하게 반응한다. 리츠는 채권과 비교해 볼 때 채권보다는 위험성이 높지만 반면에 수익률이 높고, 일반주식과 비교하면 일반주식보다는 안정적이지만 반면에 수익률이 상대적으로 낮다.

1972년부터 2001년 9월까지의 리츠의 투자수익률을 비교해 보면 연평균 11.4%의 수익률을 실현하였으며, 2001년 상반기에는 평균 19%의 수익률(-11%를 기록한 S&P500지수보다 30% 이상 상회)을 실현하였다.

미국의 리츠 가운데 대부분을 차지하는 지분형 리츠의 수익률을 다른 상품과 비교해보면 동일한 기간 동안 지분형 리츠의 수익률은 연 12.45%로서 미국장기국채의 연 9.09%보다는 높고 S&P500지수의 연 13.18%보다는 낮은 것으로 나타났다.

구 분	회사수	연평균수익률	표준편차	최대수익률	최소수익률
지분형 (Equity)	156	13.6	16.9	47.6	-21.4
저당채권형 (Mortgage)	22	8.9	28.9	55.9	-45.3
혼합형 (Hybrid)	9	10.3	26.5	49.9	-52.2
평균 (Total)	187	11.4	20.7	49.0	-42.2

※ 주 : 1972년부터 2001년 9월까지의 수익률 기준, 출처 NAREIT

미국 리츠의 연평균 수익률 변화추이는 금리수준 및 자본시장의 상황에 따라 큰 편차를 보였다. 1986년 세제개혁(Tax Reform Act), 1990년 이후 부동산 관리가 가능한 UPREITs 개발, 1999년 REITs Modernization Act 제정 이후 리츠의 주변여건이 계속 우호적으로 변하고 있으므로 전체 부동산 시장에서 리츠가 차지하는 비중과 영향력은 확대될 전망이다.

최근의 리츠 동향

부동산에 대한 거품 논란에도 불구하고 2005년 미국의 부동산 시장은 호황이 계속 이어질 것으로 전망되었다.

2005년 3월 3일 미국의 부동산 금융회사인 PNC 리얼 이스테이트 파이낸스의 보고서에 따르면 올해에도 부동산의 공실률이 계속 감소하는 등 여건이 개선되고 있어 채권 및 다른 자산의 수익률이 낮게 유지되면 미국 부동산 시장의 호황은 지속될 것으로 예상되었다. 이로써 산업이 활력을 되찾을지 여부는 여전히 부동산으로 유입되는 자금에 달려 있다고 PNC는 지적했다.

PNC 파이낸셜 그룹의 리얼 이스테이트 파이낸스 부문의 니콜라스 부스는 "올해에도 부동산으로 뭉칫돈이 줄지 않고 흘러들 것"이라며 이로 인해 부동산 가격의 상승은 지속될 것으로 내다봤다.

그러나 이자율이 지속적으로 상승한다면 얘기는 달라진다. 부동산의 활황 여부는 수익을 좇는 투자자들에게 달려 있는 셈이다. 만일 이자율이 뛰면 부동산 시장은 가장 안전한 미국채와 경쟁하게 될 지도 모른다.

기관거래 부동산

리츠와 같이 공개적으로 대량 거래되는 부동산 부문에 대한 뮤추얼펀드의 투자는 지난 2003년 45억 달러에서 2004년 69억 달러로 늘었다. 이 가운데 3.6%는 주식형 펀드이다.

이로 인해 2004년 한 해 리츠는 해당 자산가치의 20% 이상 높은 가격에 거래되었다. 통상 평균 할증률이 2% 수준인 것에 비하면 매우 높은 수준이다. 리츠의 수익을 결정짓는 FFO(운영자금)은 14.4회 거래되었다.

그러나 2005년에도 투자가 계속 이어질지는 불투명하다. 대부분의 전문가들이 부동산 가격이 과평가되었다고 판단하고 있기 때문이다.

민간거래 부동산

아파트 부문은 과도한 공급이 문제이다. 그러나 여전히 새 아파트는 계속 늘고 있다. 과열된 콘도 시장의 열기가 식으면 공급 문제는 더욱 악화될 전망이다. 이런 이유로 올해 (2005년) 아파트값은 계속 오르겠지만 부침이 심할 것으로 전망되었다.

이와는 반대로 업무용 부동산은 전국 공실률이 15% 아래로 떨어지는 등 상황이 호전될 것이라는 것이 PNC의 예측이다. 개인간의 부동산 거래는 소비감소로 새로운 도전을 피할 수 없을 전망이다. 산업용 부동산도 공실률이 11% 이하로 낮아지겠지만 건설은 회복이 더딜 것으로 PNC는 내다봤다.

일본의 부동산투자신탁

⋯⋯ SPC법을 이용한 부동산 증권화

일본의 경우 1998년 6월 5일 국회에서 '특정목적회사에 의한 특정자산 유동화에 관한 법률'(이하 'SPC법', SPC법은 Special Purpose Company법이라 함)이 통과되어 1998년 9월 1일부터 시행되었다.

이 법은 기존의 '특정채권 등에 관계되는 사업의 규제에 관한 법률'에 의하여 리스채권, 부동산 소구화 상품, 특정공동사업, 부동산 저당증권 등이 유동화되었으나 위험이 높은 부실채권과 담보부동산을 유동화하는데 어려움이 있기 때문에 부실채권과 부동산 등 위험수준이 높은 자산을 유동화하기 위하여 별도의 특별법으로 제정된 것이다.

SPC를 투자 도관체(Conduit)로 취급하여 일정요건을 충족하면 다음과 같이 세금을 면제 또는 감면해 주고 있다.

법인세

배당가능소득의 90% 이상을 배당하는 등 일정요건을 충족하는 경우에는 그 배당금 지불액을 법인세 계산시 손금으로 산입할 수 있다.

등록면허세

SPC 설립등기시 등록면허세가 감면되며, SPC가 취득하는 부동산의 소유권이전에 대한 등록면허세는 50%가 감면된다.

부동산 취득세

SPC가 일정요건을 갖추어 부동산을 취득하는 경우 취득세가 50% 감면된다.

특별토지 보유세

SPC가 보유하고 있는 토지에 대하여 비과세하고 있다. SPC를 활용한 자산의 유동화가 가능하다.

일본 부동산 증권화의 특징

일본의 경우 자산관리자는 개발업자, 금융기관, 유통업체, 제조업체 등이다. 현재 SPC를 활용한 증권화 사례는 17건에 이른다. 최근의 증권화 대상은 업무용 빌딩이 대부분을 차지하고 있으며, 주로 본사 빌딩 등의 매매와 임대 방식으로 증권화한 경우가 많다. 업무용 빌딩 이외에도 아파트, 쇼핑센터, 물류창고, 공장 등의 증권화도 나타나기 시작하고 있다.

일본 정부는 1995년부터 부동산 시장의 장기침체로 인한 기업의 자산가치 하락을 멈추게 하기 위해 여러 가지 부동산 유동화장치를 마련한 바 있다. 1995년과 1998년 각각 선보인 '부동산 특정공동사업법'과 부동산의 미래수익 등을 담보로 유가증권을 발행하는 '특수목적회사(SPC)법'이 대표적이었다. 이 두 법은 수 차례의 개정을 통해 다양한 부동산 금융 상품을 시장에 선보였지만 시장 활성화에는 실패했다.

그래서 일본 정부가 히든카드로 빼어든 것이 '개미군단'의 직접 참여가 쉬운 리츠제도이다. 2000년 5월 관계법을 제정하고 2001년 3월 도쿄 증권거래소에 상장하도록 했다. 일본의 리츠 운영방식은 기본적으로는 미국식 회사형 리츠에 가깝다. 즉 일반투자자나 기관투자가 등 법인들의 자금을 받아 만들어진 리츠(페이퍼 컴퍼니)가 사무용 빌딩과 상업용 빌딩, 아파트 등의 부동산을 매입한 뒤 전문 자산관리회사에 위탁 운용토록 하면서 임대수익이 나면 투자자에게 이익을 배당하는 형식이다. 눈길을 끄는 것은 일반투자자들의 참여를 활성화시키기 위해 만든 장치들로서 1계좌를 5만 엔으로 잘게 쪼개 서민들도 부담 없이 투자할 수 있도록 하되, 운용자산의 절반 정도는 고정적인 임대수입을 올릴 수 있는 빌딩, 아파트 및 이를 담보로 발행한 유가증권에 투자하도록 해 최소한 원금은 지킬 수 있도록 했다.

J-REIT

출현 배경

　일본의 땅값은 과거 50년간 수직적인 상승세가 지속되었다. 최고절정기는 1990년으로 땅값은 약간의 시간격차를 두고 그 수년 후까지 상승한 후 실추된 10년을 반영하여 하락세가 지속되고 있다. 이런 환경 속에서 일본의 재생을 위해서 어떠한 방법으로 부동산에 유동성을 부여할 것인가가 큰 과제였다. 이에 대한 대책으로 일본정부는 1995년에 특정공동사업에 의해 부동산을 소매화하여 투자자에게 판매하려는 시도를 시작하였다. 1998년에는 SPC법이 제정되어 부동산을 증권화하여 주로 기관투자가에게 판매하는 움직임이 본격화되었다. 일본의 부동산 증권화 시장은 현재 3조 엔 정도의 시장 규모로 추정되고 있다. 그리고 2000년 3월에 SPC법과 투자신탁법이 개정되어 J-REIT의 제도적 구조 정비가 시작되었다.

J-REIT의 구조와 틀

　J-REIT는 그 목적만을 위하여 설립된 투자법인에 의해 이루어지고 있다. 투자법인은 오피스건물, 쇼핑센터, 임대주택 등의 부동산을 중심으로 투자한다.
　그 자원을 얻기 위해 부채조달과 지분조달을 하고 있으며,

부채조달은 론(loan)에 의한 조달과 사채에 의한 시장조달이 이용된다. 지분조달은 기관투자가와 개인투자자를 통해 이루어지는데 기관투자가 중에는 해외투자자도 포함된다.

J-REIT(회사형) 구조도

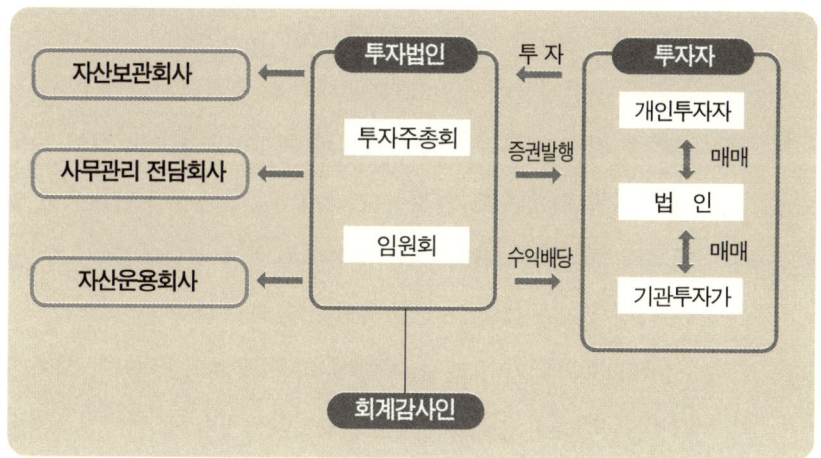

 투자법인은 자산운용 관리업무의 아웃소싱을 조건으로 하고 있다. 관리업무는 주로 신탁은행에 아웃소싱 되어 독립적으로 설립되는 운용회사가 투자법인의 위탁을 받아 실시하고 있다. 이 운용회사는 금융청과 국토개발성의 인가를 받아야 한다. 따라서 J-REIT는 자산운용에 관해서는 미국형이 아닌 호주형이라고 할 수 있다.
 투자법인의 주식은 동경증권거래소(TSE)에 상장하여 일반주식과 마찬가지로 전환되는 준비작업이 진행되고 있다. J-REIT는 투자신탁법에 따른 회사형 투자신탁이다. 따라서 주식인 J-REIT주식은 만기가 없고 투자자는 투자를 중지하고

자 하는 경우에는 매각하는 방법밖에 없다. J-REIT가 성공하여 대형 시장으로 육성될 수 있는가의 여부는 기관투자가들과 더불어 개인투자자들이 진출할 수 있는가에 달려 있다. 이를 위해 J-REIT주식이 동경증권거래소에서 활발하게 전환되고 실시간에 가격을 알 수 있으며 매매를 원할 때 즉시 매매가 가능한 여건조성이 무엇보다도 중요하다.

또한 투자자들에게 J-REIT의 매력을 부가하기 위하여 일정 조건을 갖춘 경우에는 투자법인의 지불배당을 세무상의 경비로 처리할 수 있도록 인정하고 있다. 즉 투자법인 단계에서 법인세의 대부분이 면제되어 투자자에 대한 배당을 높일 수 있는 다양한 세무상의 조치를 취하고 있다.

J-REIT는 네 가지 법률 기준에 의해 규제되고 있다. 투자신탁법, 동경증권거래소의 상장기준, 법인세법, 조세특별조치법 등이다. 투자신탁법은 운용의 대상에서 개발건물을 배제하고 있다. 동경증권거래소는 투자법인 총자산의 50% 이상이 수익물건이어야 한다는 것을 조건으로 하고 있다. 따라서 J-REIT는 이미 현금수지가 존재하는 수익물건을 핵심으로 하는 비교적 안정형의 부동산 포트폴리오에서 시작하게 된다. 동경증권거래소는 총자산의 75% 이상을 부동산과 부동산 관련 자산에 투자할 것을 요구하고 운용법인이 본래의 목적 이외로 이용되는 것을 제한하고 있다. 운용법인이 과세소득의 90% 이상을 배당하면 배당은 경비처리가 인정되어 과세가 면제된다. 운용법인은 타사주식의 50% 이상을 보유할 수 없다.

투자자의 수에도 제한이 있다. 개인투자자는 기말시점에 50

명 이상이 되어야 한다. 반대로 일부 투자자가 독점하는 것도 배제되고 있다. 조세특별조치법은 상위 3명의 투자자가 주식 총수의 50% 이상을 보유하는 것을 금지하고 있다. 동경증권거래소도 상위 10명의 투자자가 주식 총수의 75% 이상을 보유하는 것을 금지하고 있다.

투자법인이 부동산을 매매하였을 경우 유통세의 경감에 대해서는 검토가 이루어지고 있다. 개인투자자들의 배당에 관한 과세는 통상의 주식배당과 동일하게 취급된다. 법인투자의 경우도 기본적으로는 동일하나 과세소득에서의 공제는 인정되지 않고 있다.

최근의 리츠 동향

부동산 경기 회복으로 일본의 리츠(REIT : 부동산투자신탁) 시장 규모가 날로 커지고 있다고 니혼게이자이신문이 2005년 2월 21일 보도했다. 현재 1조 8,000억 엔 규모인 일본의 리츠 시장 규모가 올 회계연도에 3조 엔 이상으로 확대될 것이라고 내다봤다.

현재 일본의 리츠 펀드는 15개이고, 규모는 1조 8,000억 엔(170억 달러) 정도이다. 3,000억 달러에 이르는 미국의 리츠 시장과 비교하면 미미한 수준이지만 일본에서 리츠 펀드가 최초로 출범한 시기가 불과 3년 전이라는 사실을 감안하면 우수한 성과이다.

일본의 리츠 시장은 올 2005년도 안에 최소 10개 이상의 신규 리츠 펀드가 상장을 예정하고 있다. 이 가운데 6개 펀드는 이미 금융청으로부터 설립인가를 받았다.

이미 상장한 펀드들은 규모를 확대하는 데 힘을 쏟고 있다. 대표적인 예가 저팬 리테일 펀드 인베스트먼트로 현재 1,200억 엔인 운용 규모를 향후 5년 안에 5,000억 엔 정도로 늘리겠다고 밝혔다.

전문가들은 개인투자자는 물론 최근 들어 지방은행, 생명보험사 등 리츠에 관심을 보이는 사람이 날로 늘어나면서 앞으로도 규모 확대 추세가 계속될 것이라고 분석한다. 아시안 월스트리트저널은 지난 2005년 2월 14일 스미토모신탁은행의 자회사인 STB연구소의 자료를 인용하여 일본 리츠 시장의 규모가 현재 2조 2,000억 엔에서 2~3년 안에 4조 엔까지 불어날 것이라고 보도한 바 있다.

일본의 리츠 시장 규모(상장 펀드 시가총액)는 2001년 9월 첫 거래 이후 7배 가까이 커졌다. 특히 최근 들어 투자할 곳이 마땅치 않은 지방은행과 생명보험사의 뭉칫돈도 유입되어 성장 속도가 빨라지고 있다. 이것은 높은 수익률 때문이다.

현재 일본의 리츠 상품 평균 수익률은 3.8%로 10년 만기 국채 수익률(1.5%)보다 두 배 이상 높다.

리츠란 부동산개발회사가 만드는 공동투자 상품으로 증권거래소 상장을 통해 투자자를 모집하고 빌딩 매매차익이나 임대수입 등을 통해 수익을 창출한다. 수익의 90%를 배당하기 때문에 보통 은행 금리보다 수익률이 높은 편이다.

03 호주의 상장부동산 신탁증권(LPT)

..... 상장부동산 신탁증권의 개념

　다수 주주들의 자금을 모집하여 부동산에 투자하는 신탁증권의 상장제도이다. 신탁 회사는 주주를 대신하여 부동산을 보유, 매입, 처분한다. 주주는 신탁운용에 따르는 수익을 분배받으며 지분범위 안에서 유한책임을 부담한다. LPT가 미국의 리츠와 다른 점은 모든 수익을 주주에게 배당하여야 한다는 것이다. LPT는 자기관리가 허용되지 않으므르 자산운용회사와 계약을 맺어 운용을 위탁한다.

　2000년 7월 1일부터 자산보관회사 제도가 폐지되고 자산운용회사가 모집된 투자자금을 보관하고 관리하게 되었다. 다만, 자산운용회사가 일정요건을 충족시키지 못하는 경우에는 자산보관회사를 따로 지정할 수 있도록 하였다.

　또한 LPT는 영속적인 조직은 아니며 신탁규약에 따라 최장 80년까지 존속이 가능하다. 자산의 60%까지 차입이 가능하고, 모든 순수익은 주주에게 배당된다.

주거용 부동산이 아닌 사무실, 상가 등 비주거용 부동산에 투자한다.

상장부동산 신탁증권의 특징

LPT는 부동산개발 및 투자를 위한 자금을 모집할 수 있도록 신탁증권의 상장을 허용하는 제도이다. 따라서 LPT제도 아래에서 리츠에 해당하는 것은 피신탁자라고 볼 수 있다. 이 피신탁자는 모집된 자금을 사용하여 부동산을 매입하거나 개발하거나 보유하거나 처분할 수 있으며, 법률적인 소유권 및 관리권을 가진다. LPT는 주주와 피신탁자 그리고 경영자로 구성되어 있으며, 리츠와 비교하였을 때 리츠는 LPT의 피신탁자와 경영자를 통합한 것이라 할 수 있다. 그러나 신탁 형태의 제도 아래에서 주주는 지분을 가진 것이 아니기 때문에 LPT제도 아래의 주식은 각각의 부동산 자산에 대한 것이 아니라 전체 자산에 대한 것이므로 개별 부동산의 지분으로 분할하여 환원될 수 없다.

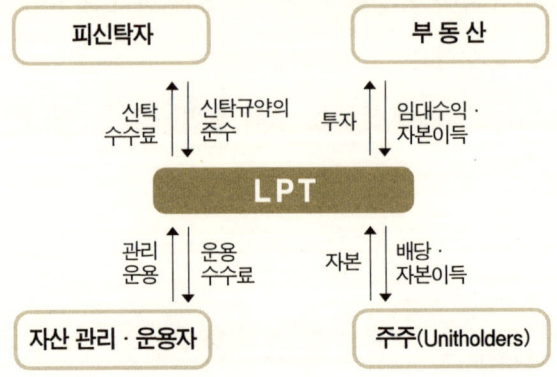

　이러한 LPT의 가장 큰 장점은 소액 투자자들에게 전문적인 포트폴리오에 투자할 수 있도록 해준다는 것이다. 따라서 저축대용으로 쓰일 수 있으며, 저축이나 회사주식보다 높은 수익성을 기대할 수 있는 것이다. 특히 주식에 비해 투자위험도가 낮으면서도 유용성을 가지고 있으므로 저축성 예금처럼 투자금을 일정시한 동안 묶어둘 필요가 없다는 점에서 소액 투자자들에게 큰 매력으로 작용하고 있다.
　더구나 세제상 소득세율이 낮은 투자자들은 자신들의 소득세율로 세금이 산정되기 때문에 연금투자자들에게 극히 매력적인 투자대상일 수밖에 없다. LPT의 경우에도 도관체로서의 역할을 하기 때문에 투자 및 배당에 있어서 일정한 요건을 갖추면 각종 면세혜택이 주어지게 된다.

상장부동산 신탁증권의 현황

　　LPT는 1998년 현재 52개가 상장되어 있고, 시장 규모는 145억 호주달러로 호주 자본시장의 약 5%를 차지하고 있다. 대부분의 LPT는 주거용 부동산보다는 상업용 부동산(상가, 호텔, 공장, 개발, 영화관)에 투자하고 있으며, 개발형 LPT도 일부 존재하고 있다. 1989년 이후 22개의 새로운 LPT가 모두 해당된다.

　　LPT투자는 주식시장 지수비중에 따라 이루어지는데 LPT 지수는 호주에서 6번째이다. 대부분 LPT지분의 70~80%를 퇴직연금, 은행 등의 기관투자가가 차지하므로 기관투자가들의 투자비율이 미국의 리츠보다 높다. LPT 평균 자본규모는 5억 1,300만 호주달러이다.

　　호주 부동산의 상장증권화 비중은 22.1%로 홍콩(43.2%) 다음으로 높다. 1998년 현재 투자현황을 보면 오피스·산업 부문이 19%, 소매판매시설이 34%, 분산투자가 39%, 숙박·리조트가 2%, 기타 전문시설이 6%를 차지하고 있다.

　　LPT투자자 중 10%는 외국기관, 자산의 6%는 해외투자가 차지하고 있다.

싱가포르의 S-REITs

1999년 5월 싱가포르 재무부가 『부동산 펀드에 대한 가이드라인』을 제정함으로서 싱가포르 리츠(S-REITs)제도가 도입되었다. S-REITs는 종래 주택구입이 유일한 부동산 투자수단이었던 싱가포르 국민들에게 리츠 회사의 지분에 투자함으로써 상업용 부동산의 지분취득기회를 가질 수 있게 하여 부동산 소유관에 큰 변화를 가져왔다.

S-REITs는 더욱 안정적이고 성숙한 부동산 투자환경 조성, 유동성 증가 및 정보의 투명성으로 인한 부동산 시장의 효율성 증대와 부동산 관련 기술 및 관리에 대한 전문지식 향상 등의 효과가 기대된다.

UBS 워런버그의 분석에 따르면 S-REITs는 향후 3년간 130억 달러 규모의 부동산을 유입할 것이고 S-REITs의 연간 수익률은 약 5~6% 정도가 될 것으로 예측하고 있다.

S-REITs의 주요 법안

적용범위	주식을 일반에 매각할 목적을 가지고 회사 형태로 설립되는 부동산 펀드(총자산의 70% 이상을 부동산과 부동산 관련 자산에 투자해야 함)
주식상장	싱가포르 재무부에서 펀드 투자자를 위하여 펀드 주식을 매매하기 위한 시장이 이미 충분히 형성되어 있다고 확신하지 아니하는 한 싱가포르 증권거래소에 상장되어야 함
이사회	상장여부와 관계없이 2명 이상의 이사회 구성
관리인선임	일정관리인 자격요건을 가진 주식회사 형태의 관리인선임 의무화
분산투자규정	분산투자하지 아니한다는 점을 투자설명서에 명시하지 않는 한, 부동산 펀드는 부동산유형, 지역, 집중투자 여부 등을 고려하여 분산투자
이해관계인과의 거래	공시강제주의 채택
투자대상자산	싱가포르 국내외의 부동산에 대한 자유소유권(freehold), 임차권(leasehold) 또는 공동소유권(joint owner) 및 부동산 관련 펀드
투자제한사항	총자산의 20% 이내에서만 부동산 개발사업 가능
투자에 대한 평가	취득자산에 대해 매년 1회 이상의 평가

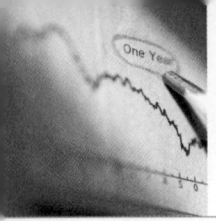

제5장 | 우리 나라 부동산투자신탁의 개요

CHAPTER 05

우리 나라
부동산투자신탁의
개요

01 우리 나라의 부동산 투자신탁(리츠)제도 현황은 어떤가?

도입 경위

　　외환위기 이후 대규모의 기업부도와 함께 초래된 부동산 가격의 급락과 부동산 시장의 침체는 건설경기를 침체시켰음은 물론 기업 및 금융 부문의 구조조정에 상당한 장애요인으로 작용하게 되었다. 이에 정부는 부동산 거래 활성화 및 구조조정 촉진을 위해 1998년 4월 신탁자산의 부동산투자를 허용(신탁형 리츠)한 데 이어, ABS와 MBS 등 부동산 유동화 증권제도를 도입하였다. 그리고 2001년 7월에는 부동산투자회사(회사형 리츠)제도를 도입하게 되었다. 이처럼 우리 나라의 리츠제도는 1998년 4월 부동산투자신탁(신탁형 리츠)이 허용되면서 도입된 것이라 할 수 있다. 그러나 회사형 리츠가 대부분인 미국의 영향으로 회사형 리츠가 리츠인 것으로 협의로 해석하여 '부동산투자회사법'이 제정된 2001년 7월에 리츠제도가 도입된 것으로 보는 견해도 있다.

　1998년 4월 신탁업법 및 동 법 시행령 개정으로 수탁자산의 운용대상에 '부동산의 매매 및 개발'이 포함됨으로써 신탁형 리츠에 해당하는 부동산 투자신탁제도가 도입되었다. 그러나 당시에는 부동산 가격의 급락 및 부동산 시장의 극심한 침체, MBS 등 부동산 관련 유가증권의 발행부진 등으로 부동산 투자신탁제도가 시행되지 못하다가, 이후 금리의 하향안정과 부동산 경기의 회복 및 MBS · ABS 등 부동산과 관련한 유가증권시장 형성 등의 영향으로 2000년 7월 19일 첫 부동산투자신탁 상품이 인가되었다.
　현재 부동산투자신탁은 신탁업을 영위하는 은행이 수익증권 발행을 통하여 조달한 자금을 주로 부동산 관련 대출로 운용하는 일종의 특정금전신탁으로 볼 수 있으며, 부동산의 매매 · 개발이나 부동산 관련 유가증권투자 등이 이루어지지 않고 있다는 점에서 제한적인 리츠 상품이라 할 수 있다.

　리츠의 인가 및 감독 등 모든 제도는 신탁업법상의 금전신탁과 동일하며 수익증권의 환매성, 양도가능성, 자산운용 및 수익배당 등 구체적인 사항은 각 은행별로 고객과의 계약(약관)에 의하여 결정된다. 현재 대부분의 은행이 수익증권의 환매 및 양도를 인정하지 않고 있으나, 최근 들어 일부 은행이 수익증권의 양도를 허용하고 있다.

회사형 리츠는, 2000년 중 건설교통부는 부동산 경기 및 건설 경기 활성화를 위하여 부동산투자회사의 도입을 추진하였고, 재정경제부는 구조조정을 촉진하기 위하여 부동산 뮤추얼펀드의 도입을 각각 추진하였다. 이후 2001년 4월 7일 건설교통부의 '부동산투자회사법'이 먼저 제정됨에 따라 재정경제부는 별도의 입법 대신 동 법 시행일(7월 1일) 이전인 2001년 5월 24일 동 법을 개정하여 기업구조조정부동산투자회사(CR 리츠) 설립과 관련한 6개의 조문을 추가하였다.

이 결과 '부동산투자회사법'상 우리 나라의 리츠회사는 일반 리츠(부동산투자회사)와 CR 리츠(기업구조조정 부동산투자회사)로 구분되게 되었다.

부동산투자회사법의 주요 내용

일반 리츠는 영속성이 있고 상근 임직원을 둘 수 있는 상법상의 실체회사이다. 그러나 CR 리츠는 존속기한이 정해진 뮤추얼펀드 형태의 한시적인 서류상 회사(Paper Company)로서 직원을 고용하거나 상근 임원을 둘 수 없다.

일반 리츠와 CR 리츠 모두 증권거래소 상장이나 코스닥 등록이 가능하며, 상장요건을 갖춘 경우 상장을 의무화함으로써 투자자들의 유동성 확보를 도모하고 있다.

리츠회사는 총자산의 70% 이상을 부동산에 투자하여야 하는데, 일반 리츠는 투자대상 부동산에 제한이 없는 반면, CR 리츠는 기업구조조정용 부동산에 한정된다.

일반 리츠는 투자한 부동산을 리츠회사가 직접 관리(자기관리형)하거나 전문관리회사에 위탁(외부관리형)할 수 있는 반면, CR 리츠는 반드시 전문관리회사에 위탁해야 한다.

소규모회사의 난립을 방지하기 위해 설립시 최저자본금을 250억 원 이상으로 하고 건설교통부장관의 인가를 받도록 하였다. 그리고 소액투자 활성화를 위해 모집금액의 30% 이상은 반드시 공모에 의하도록 하였으며, 특정인의 경영권 지배를 방지하기 위하여 주주 1인과 그 특별관계자의 리츠회사 주식 소유한도를 발행주식 총수의 30% 이하로 제한하였다. 또한, 투자자 보호를 위해 발기인은 설립시 자본금의 10% 이상의 주식을 의무적으로 인수하도록 하였으며 현물출자에 의한 설립을 제한하였다.

다만, CR 리츠의 경우 인가시 건설교통부장관은 금융감독위원장의 의견을 듣도록 하였고, 설립시 의무공모비율(30%)과 1인당 주식소유한도(10%) 적용을 배제하고 설립시 자본금의 30%까지 현물출자를 인정하는 등 설립요건을 완화하였다.

자금조달 및 운용의 전문성 및 투명성 확보를 위하여 자금은 일반공모 증자로 조달하도록 하고 차입은 원칙적으로 금지하고 있으며, 부동산·현금·유가증권은 자산보관회사에 의무적으로 위탁하고 자산운용 관련 전문인력을 3인 이상 확보하도록 의무화하고 있다. 다만, CR 리츠는 자산의 직접 관리가 허용되지 않고 자산운용을 반드시 전문인력 5인 이상을 갖춘 자산관리회사(AMC)에 위탁해야 하므로 자산운용 전문인력 3인 이상 확보 요건은 적용이 배제된다.

자산운용은 부동산의 취득·임대·개발·관리, 유가증권 매매, 금융기관 예치 등으로 제한된다. 특히 개발사업은 상장 후 자기자본의 30% 범위 이내에서 별도의 인가를 받아야만 할 수 있도록 엄격히 제한하고 있다.

매 분기말 총자산의 70% 이상을 부동산으로, 90% 이상을 부동산 및 부동산 관련 유가증권과 현금으로 보유하도록 의무화하고 있다. 또 투기적 거래를 방지하기 위하여 취득 부동산은 분양 등을 제외하고는 원칙적으로 3년간 처분을 하지 못하도록 하고 나대지의 경우 원칙적으로 개발사업을 시행한 후에만 처분할 수 있도록 제한하고 있다. 다만, CR 리츠는 총자산의 70% 이상을 구조조정 부동산으로 보유하면 되며, 90% 이상을 부동산 관련 유가증권 또는 현금으로 보유하도록 한 의무, 취득부동산 처분금지기간(3년) 및 나대지 처분 제한은 적용되지 않는다.

투자자 보호를 위하여 리츠회사로 하여금 자금모집·운용의 투명성을 확보하도록 하고 투자이익의 대부분을 배당하도록 하는 한편 감독기관의 감독 및 감사를 받도록 하고 있다.

자금모집·운용의 투명성을 확보하기 위하여 리츠회사는 매 결산기 및 분기별로 투자보고서를 작성·공시해야 한다. 그리고 현물출자 및 개발사업 투자시 부동산 관련 전문기관의 평가를 반드시 받아야 하며, 연간 투자이익의 90% 이상을 투자자에게 금전으로 배당하여야 한다. 다만, CR 리츠의 경우 배당의무는 없으나 90% 이상 배당할 경우 법인세 면세혜택을 부여하고 있다.

리츠회사에 대한 전반적인 인가 및 감독권은 건설교통부장관이 보유하고 있으며, 금융감독위원회는 CR 리츠에 대하여만 ① 인가시 의견제시, ② 업무 및 재산에 대한 감사, ③ 자료제출요구 및 보고명령, ④ 위법·위규 사실 발견시 건설교통부장관에 대한 영업정지 또는 징계 요구권 등을 보유한다.

부동산의 인수 및 거래 활성화를 위하여 리츠회사의 부동산 취득, 등록, 매각시 부과되는 특별부가세와 취득세, 등록세를 50% 감면해주고 있다. 다만, CR 리츠는 부동산 취득세 및 등록세가 전액 면제되며 연간 투자이익의 90% 이상을 배당하는 경우 법인세도 면제된다. 한편, 정부는 임대주택 투자를 촉진하기 위하여 일반 리츠도 임대주택에 투자하는 경우에는 법인세의 50%를 감면해주고 있다.

이 밖에 제도 시행 초기에 리츠회사의 설립 활성화 및 투자촉진을 위하여 대도시에 법인 설립시 등록세가 3배로 중과세되는 것을 2003년까지 면제하였고, 리츠 투자자의 경우에도 2003년 12월 31일 이전에 출자하여 최초로 취득한 주식을 양도할 경우 주식양도차익과세를 면제하였고, 2003년 12월 31일 이전에 리츠회사로부터 지급 받는 배당소득은 종합소득에서 공제되었다.

구 분		내 용	감면 내역	
			일반 리츠	CR 리츠
리츠 회사	특별부가세 감면	보유부동산 매각시(현 15%)	50% 감면	
	지방세 감면	부동산취득세(현 2%) 부동산등록세(현 3%)	50% 감면	전액 면제
	법인세 감면	매년 투자액의 50% 손금산입 인정	○	×
		연간 수익의 90% 이상 배당시 법인세를 과세표준에서 제외	임대주택 투자분만 50% 감면	○
		대도시에 법인 설립시 등록세(0.4%)의 3배(1.2%) 중과세 면제	2003년까지 일반세율(0.4%) 적용	
투자자	주식양도차익비과세	2003. 12. 31. 이전에 최초 출자주식 양도시 양도차익 비과세		
	종합소득 공제	2003. 12. 31. 이전에 지급 받는 배당소득은 종합과세 배제		

일반 리츠와 CR 리츠는 어떻게 다른가?

부동산투자회사제도는 다수의 투자자로부터 모은 자금을 부동산이나 부동산 관련 유가증권에 투자하고 그로부터 얻은 수익을 배당형식으로 되돌려주는 부동산 간접투자제도이다. 그런 만큼 리츠가 도입되면 일반인들의 부동산 투자패턴에 큰 변화가 이뤄질 것으로 전망되고 있다.

부동산투자회사는 주식회사 형태로 설립되므로 증권시장에 상장되면 주식을 자유롭게 사고 팔 수 있다. 이에 따라 부동산을 직접 사고 파는 대신 부동산투자회사의 주식을 사들여 그 회사가 부동산 관련 재테크를 통해 내는 수익을 향유하는 간접투자가 활성화될 것으로 보인다.

부동산투자회사의 주식은 회사설립 때 지분에 참여하거나 증권시장에 상장된 뒤 증시에서 사들일 수 있다. 금융기관의 연·기금과 같은 기관투자가들도 부동산투자회사에 출자하는 형식으로 다양한 포트폴리오를 구성할 수 있게 된다.

투자자 입장에서는 부동산에 직접 투자하는 것에 비해 안정성과 환금성이 비교할 수 없을 정도로 높아지는 셈이다. 그 동안 일반인들은 부동산에 투자하고 싶어도 금액이 워낙 크고 적당한 시점에 처분하기가 어려워 투자하는데 제약을 받아왔다.

부동산 간접투자제도가 활성화되면 침체를 지속하고 있는 부동산 시장도 새로운 도약기를 맞이할 것으로 보인다. 일반인들과 기관투자가들의 참여확대로 부동산 시장 규모가 커지고 시세차익보다 운용수익에 바탕을 둔 투자패턴이 정착되어 낙후된 부동산 시장이 선진화될 것으로 예상되기 때문이다.

정부는 부동산투자회사가 500억(2005년 4월 23일부터 250억 원으로 하향조정) 원 이상의 자본금을 갖추고 설립시 건설교통부장관의 인가를 밟도록 해 투자안정성을 높였고, 매년 총수익의 90%를 투자자에게 의무적으로 배당하도록 했다.

또 자산구성 요건도 엄격히 제한된다. 총자산의 70% 이상을 부동산에 투자하고 나머지는 부동산 관련 유가증권(MBS, ABS, 타 REITs의 주식 등)과 현금으로 구성해야 한다. 그러나 정부가 시행 초기의 과열투자와 투기방지를 위해 진입장벽을 높인 데다 각종 규제장치를 마련해 두어 2001년 7월 시행된 이후 일반 리츠는 에이펙부동산투자회사가 2001년 11월에 예비인가를 받고, 2002년 2월에 코리아부동산투자회사가 예비인가를 받았으나 기관투자가들의 참여기피로 본인가를 받지 못해 결국 2002년 12월 2일 예비인가가 모두 취소되었다.

부동산투자회사의 자본금을 최소 500억 원으로 규정해 실제로 회사를 설립할 수 있는 대상이 제한적인데다 투자수익률을 좌우할 세제혜택이 확정되지 않았기 때문이다. 또 부동산 전문인력이 부족한데다 투자기법이 발전되지 않은 상태여서 초기에는 투자수익률이 높지 않고 부작용이 나타날 가능성도 배제할 수 없다.

기업구조조정용 부동산 펀드는 당초 재정경제부가 기업구조조정 투자회사(CRV)법 개정을 통해 2001년 5월 중 출범시킬 예정이었으나 그 해 3월 제정된 리츠법과 중복된다는 지적에 따라 리츠법에 흡수·통합되었다.

건설교통부는 두 상품이 결국 같은 구조조정용 부동산을 대상으로 투자·운용업무를 시행시 서로 다른 법체계에서 다른 혜택을 받을 경우 혼선을 불러일으킬 수 있다는 점을 강조했다.

통합리츠법상 구조조정 리츠는 일반 리츠와 달리 영업소와 상근 임원을 둘 수 없는 페이퍼 컴퍼니로 정관에 기재된 기간 동안 존립하게 된다. 은행과 대기업의 구조조정용 부동산을 현물로 출자하기 위해 1인당 주식 소유한도(10%)의 적용을 받지 않고 자본금의 30%까지 현물출자가 허용되며, 30% 이상 일반 공모하도록 한 규정에서도 배제된다.

또 구조조정용 부동산을 신속하게 처리할 수 있도록 2년 이내 부동산 단기거래도 허용되고 주주에 대한 배당제한이 없으며 90% 이상 배당할 때 법인세를 면제받을 수 있는 등 차별적인 대우를 받는다.

그러나 구조조정 리츠회사는 부채상환용 부동산과 재무구조개선 약정이행용 부동산 등으로 총자산의 70% 이상을 구성해야 한다. 또 건설교통부장관이 설립인가 때 금융감독위원회의 의견을 듣도록 하고 건설교통부장관과 금융감독위원회가 공동으로 운영 및 감독을 수행하도록 해 자금모집이나 자산운용 측면에서 투자자 보호규정을 강화했다. 존속기한 연장 등 특별한 경우 주주에 대해 주식매수청구권이나 환매를 부여해 소액주주를 보호하고 있다.

구조조정용 자산운용을 위탁받게 될 자산관리회사는 일반 리츠의 부동산 투자자문회사와 달리 자본금 70억 원 이상으로 설립되며, 전문인력을 5인 이상 확보해야 한다. 자산관리회사는 원칙적으로 위임받은 업무 이외의 일을 겸업할 수 없으나 부동산신탁회사와 공기업 등 특별법에 의해 인정된 회사와 기타 건설교통부장관이 인정한 경우 겸업이 허용된다.

앞으로는 부동산투자회사(리츠)를 운영하는 자산관리회사도 부동산 신탁업무를 할 수 있게 된다.

건설교통부는 부동산투자회사 규제를 대폭 완화하는 내용의 새 부동산투자회사법이 2005년 4월 23일 시행된다고 밝혔다.

개정안은 부동산투자회사를 활성화하기 위해 사실상 페이퍼컴퍼니인 부동산투자회사를 운영하는 자산관리회사가 자본요건과 전문인력 등 신탁법상의 자격요건만 갖추면 신탁업무를 할 수 있도록 했다.

지금까지 자산관리회사는 부동산 운영으로 수익을 창출한 뒤 주주에게 배분하는 역할만 하고 있으나 앞으로는 부동산 개발, 매입, 임대, 관리, 처분 등의 업무를 모두 다룰 수 있게 된 셈이다.

금융감독위원회는 구조조정 리츠와 자산관리회사, 자산보관기관, 판매회사, 일반사무수탁회사 등에 대해 감사와 자료 제출 및 보고를 명할 수 있다. 대주주 지분제한이 없는 구조조정 리츠는 자칫 투기나 절세 목적으로 활용되거나 대주주의 전횡이 이뤄지는 등 폐해도 우려되므로 존속기한을 무한정 연장하거나 취급대상 부동산을 무제한적으로 확대해서도 안 된다.

채권금융기관이 중심이 되는 구조조정 리츠가 다수의 투자자들이 참여하게 될 일반 리츠를 압도하지 않도록 세금혜택 등에 형평에 맞는 지원책이 마련되어야 할 것이다.

03

CR 리츠 상품은 어떤 것이 있는가?

리츠는 특정 부동산에 대한 투자사업 자체를 일종의 회사로 만든 것이다. 투자자들이 리츠의 주식을 사면 리츠는 투자수익을 올린 뒤 그 수익금을 배당을 통해 돌려준다. 리츠회사는 증권거래소에 상장되므로 리츠의 주식가격이 많이 오르면 이를 팔아서 양도차익을 얻을 수 있다. 미국의 경우 지난 30여 년 동안 평균수익률은 11.4%이었고, 이 중 배당수익률이 7~9%이었으며, 나머지는 주가상승분이었다.

리츠에는 모든 부동산에 투자할 수 있는 일반 리츠와 기업의 구조조정용 부동산에 투자할 수 있는 CR 리츠가 있다. 현재까지는, 일반 리츠는 2001년 11월 에이펙리츠가, 2002년 2월 코리아리츠가 예비인가를 받았으나 본인가 요건을 구비하지 못하여 결국 12월 2일 예비인가가 취소되었다.

CR 리츠는 교보-메리츠 퍼스트, 코크렙 제1호, 코크렙 제2호 등 7개만이 일반 공모를 했다. 이 밖에 일반 공모를 하지 않는 K1 리츠(GE캐피탈 등)가 있다. CR 리츠의 경우 법인세(29.7%) 감면혜택이 주어지기 때문에 그 만큼 수익률을 높일 수 있는 여지가 있다.

리츠에 투자하고 싶은 사람은 시장에서 이미 상장된 주식을 살 수도 있지만 가능한 청약에 참가해 액면가(5,000원)로 받는 것이 유리하다. 공모증권사에 계좌를 개설한 후 청약증거금을 100% 내면 공모배수에 따라 주식을 배당 받을 수 있다. 최소공모주는 50만 원, 즉 100주이다.

상장된 주식을 구입할 때에는 액면가 이상으로 오른 금액만큼은 손해 본다는 것을 알아야 한다. 만약 5,300원에 샀다고 하더라도 액면가인 5,000원에 대해 배당을 하기 때문이다. 액면가가 5,000원일 때 배당수익률이 10%라면 5,300원에 구입할 경우 수익률이 0.6%만큼 줄어들어 9.4%만큼만 배당 받게 되는 것이다. 따라서 주가가 오른 만큼 배당수익률이 떨어지는 점을 감안해서 투자해야 한다.

교보-메리츠 퍼스트와 코크렙 제1호는 5년 후에 청산하는 기업구조조정용 리츠회사이다. 따라서 5년 후에는 보유한 부동산을 제값에 매각하지 않으면 낭패를 볼 수 있다. 그러나 교보-메리츠 퍼스트와 코크렙 제1호는 모두 매각이 어려울 경우 원래의 자산매각회사인 대한항공과 한화그룹 등이 다시 사들이도록 매각선택권(풋백 옵션)을 가지는 안전장치를 해두었다. 매각가격은 시장가격이 매입가격보다 높을 경우에는 시장가격으로, 시장가격이 매입가격보다 낮을 때에는 매입가격으로 약속되어 있다.

이 2개의 리츠는 리츠회사 출범 당시부터 매각선택권을 갖고, 교보-메리츠 퍼스트의 경우 대한항공으로부터 5년 동안 10.48%의 임대료를 받도록 계약이 되어 있어 안정적인 임대수입이 확정되어 있다. 여기에 부동산 가격이 상승하면 추가적인 배당수익도 얻을 수 있다. 교보-메리츠 퍼스트는 연평균 8.38%의 배당을, 코크렙 제1호는 연평균 10.07%의 높은 배당을 지급할 것을 제시했었다. 교보-메리츠 퍼스트는 1기 배당률 8.02%, 2기 배당률 7.52%를 기록하여 예상치보다 높은 실적을 올렸다.

1기 배당을 실시한 코크렙 제1호는 당초 예상 배당률을 8.38%(연 환산수익률)로 제시했었지만 실제 배당률은 이보다 높은 10.25%이었다. 코람코측은 지난 2002년 12월 배당에서 당초 예상보다 0.2% 높은 8.5%를 배당한다고 밝혔다. 배당은 액면가 기준이므로 배당일 현재 주가가 5,300원이라도 5,000원에 대한 8.5%인 425원만 배당 받는다. 따라서 5,300원에 구입한 투자자들의 실질배당률은 8.1% 수준이다. 지난 2003년 10월에는 연 6%를 배당했었다.

한편 코크렙 제1호는 지난 4기에도 목표배당수익률이 9.59%이었지만 이보다 초과 달성한 11.11%를 배당해 세간의 관심이 집중되었었다.

코크렙 제2호는 상장 첫날인 지난 2004년 11월 11일 5,140

원에 거래되었다. 목표수익률이 11.49%로 다른 상품보다 1~3% 높아서 주가도 강세를 보일 것으로 예상된다. 5년간 54.26%의 수익률을 목표로 하고 있다. 액면가 기준으로 1억 원어치의 주식을 보유하고 있을 경우 5년 동안 5,400만 원의 배당금을 받을 수 있다. 은행의 정기예금 이자수익이 5년간 2,800만 원(연 5.6%)에 불과한데 반하여 2배에 가까운 수익률을 올릴 수 있는 것이다.

그러나 기업구조조정 부동산투자회사(CR 리츠)인 '코크렙 제2호'가 수익률 미달로 조기청산하게 되었다. 자산관리회사인 코람코는 서울시 강남구 논현동에 소재한 트리스트 타워(옛 하나로 빌딩)를 2004년 4월 초 314억 원에 매각한데 이어 나머지 자산인 서울시 중구 명동의 신원 빌딩도 팔기로 했다고 밝혔다. 코크렙 제2호는 이 빌딩에 각각 여성전용빌딩과 스포츠센터 등을 유치하려 했으나 잘 안 됐다. 이에 따라 2003년 6월 1기 배당 때는 약정배당률의 절반 수준(4.31%)밖에 배당을 못 했고, 2003년 12월 2기 때는 아예 배당을 하지 못했다.

지난 3기의 배당이 10.20%이었지만 매각차익 등으로 인해 초과 배당되어 14.8%가 배당되었다. 현재 명동의 신원 빌딩도 매각이 진행되고 있으며, MOU가 체결되면 공시를 하고 매각과 펀드를 청산할 예정인 것으로 알려지고 있다.

트리스트 타워는 초기에는 뷰티클리닉 전문빌딩을 표방했는데 경기가 침체되면서 사업에 차질이 빚어지고 미수금이 발생했고, 명동의 신원 빌딩은 현재 피트니스센터가 들어서

기업구조조정 부동산투자회사 설립 현황

CR 리츠	설립일	자산관리회사	총자산(억 원)	주요 투자자산
교보-메리츠 퍼스트	2002. 1. 9.	코리츠	899	등촌동 KAL 빌딩, 사직동 삼익아파트, 덕천동 KAL 사원아파트, 내동 KAL 사원아파트
코크렙 제1호	2002. 5. 23.	코람코	2,278	한화 빌딩, 대아 빌딩, 대한 빌딩
케이원	2002. 10. 7.	한국토지신탁	1,826	디오센터, 신송센터, 동진 빌딩, 케이원 빌딩, 대흥 빌딩, 시그마 타워
코크렙 제2호	2002. 10. 30.	코람코	925	명동 빌딩
리얼티코리아 제1호	2003. 4. 29.	리얼티 어드바이저스 코리아	1,436	로즈데일 빌딩, 엠바이엔 빌딩, 세이백화점
유레스-메리츠 제1호	2003. 8. 20.	코리츠	1,183	세이브존 성남점·노원점·대전점, 한신스포츠센터, 장유아쿠아웨이브
코크렙 제3호	2003. 8. 20	코람코	1,597	한화증권 빌딩, 아이빌힐타운
맥쿼리센트럴오피스	2003. 12. 23.	맥쿼리 프로퍼티 어드바이저스 코리아	1,665	극동 빌딩
코크렙 제4호	2004. 4. 8.	코람코	1,838	YTN 타워, 한솔 M.COM 빌딩
코크렙 제5호	2004. 12. 14.	코람코	1,007	데이콤 빌딩

고 커피전문점 빈이 들어서는 등 빌딩이 정상화되었지만 주주들이 매각하기로 합의해 현재 매각이 추진되고 있다고 한다.

외국계 기업이 참여한 최초의 리츠인 리얼티 어드바이저스 코리아가 2003년 4월 29일 자본금 660억 원으로 본인가를 받았다. 목표수익률은 11.57% 안팎이다. 2003년 12월 첫 배당을 실시했고 현재 3기 예상배당수익률은 8.5%이다. 서울시 강남구 수서지구에 있는 로지데일 빌딩(792억 원)과 분당 수내동의 엠바이엔 빌딩(147억 원), 대전 문화동의 세이백화점(465억 원) 등의 상업용 빌딩과 판매시설이 대상 부동산이다. 출자회사로는 교보생명(주)(150억 원), LG화재해상보험(60억 원), 신한은행(50억 원), 동양화재해상보험(주)(50억 원), 미국의 부동산투자회사 트렌스콘티넨탈 리얼티 인베스터(61억 원) 등이다. 자산운용은 트렌스측이 맡고 신한은행에서 자산을 보관한다.

리얼티코리아 1호의 임차인은 장기간 우량임차인이 많아 수익률 달성이 큰 문제는 없는 것으로 보인다.

코크렙 제3호는 자본금 560억 원 중 230억 원을 2003년 7월 23일과 24일 일반 공모했다. 상품구성은 여의도의 한화증권 빌딩과 아이빌힐타운 빌딩 등이다. 아이빌힐타운 빌딩은 LG화학이, 한화증권 빌딩은 한화증권이 사용하는 공간(전체의 30%)에 대해 5년간 임대계약을 맺었다. 목표수익률은 10.55%이다.

유레스-메리츠퍼스트는 7월 14일과 15일 일반 공모에 나섰다. 쇼핑센터인 유레스 노원점, 성남점 등에 투자해 평균 11%의 배당을 할 수 있을 것으로 예상하고 있다. 자본금 500억 원 중 일반 공모는 220억 원 정도이다. 청약경쟁률은 2 대 1이었다. 코크렙 제3호와 유레스-메리츠퍼스트는 2003년 8월 29일 상장되었다.

JW에셋이 자산관리를 맡는 유레스-메리츠 1호는 유통전문업체인 (주)유레스 소유의 패션할인매장인 세이브존 성남점·노원점·대전점과 한신스포츠센터, 장유아쿠아웨이브 등 상업용 부동산에 투자한다. 유레스와 100% 책임 임대계약을 맺어 리스크를 줄였고 또한 5년 후 청산할 때 팔리지 않을 것에 대비해 임차인 유레스에게 되팔 수 있는 매각선택권(Put Back Option)을 설정했다.

전문자산관리회사인 코람코가 운영하는 '코크렙 CR 리츠 제4호'가 2004년 4월 8일 건설교통부에서 인가를 받아 9일부터 본격적인 영업에 들어갔다. YTN, 한국교직원공제회, 삼성생명(주), 교보생명(주) 등이 발기인으로 참여한 부동산 투자펀드인 코크렙 제4호는 지난달 25일 예비인가를 받았으며 자본금 760억 원 중 발기인 투자분이 697억 원이다. 나머지는 삼성증권을 통한 사모방식의 개인투자로 63억 원을 조달했다.

코람코측은 총자산 1,810억 원의 이 리츠에 앞으로 5년간 10.69% 수준의 배당률을 기대한다고 밝혔다. 현재 CR 리츠의 일반적인 연간수익률은 8.5%선이다. 투자대상은 서울시 중구 남대문로 소재의 YTN 타워와 서울시 강남구 서초동 소재의 한솔 M.COM 빌딩이며, 자산보관업무는 산업은행이 맡고 사무수탁업무는 에이브레인이 맡을 계획이다. 코람코측은 코크렙 CR 리츠 제4호를 2년 이내에 거래소에 상장할 계획이라고 덧붙였다.

맥쿼리센트럴오피스는 2004년 9월 20일에 1기 배당이 이미 완료되었다. 1기의 목표수익률은 6.75%이었지만 이보다 높은 8.3%를 배당했다. 2기는 12월 30일 종료되었고 배당은 2005년 3월 20일이었다.
2기의 초기 목표수익률은 7.15%이었지만 주주총회에서 9.75%로 상향조정한 상태이다.

CR 리츠의 상품별 주요 내용

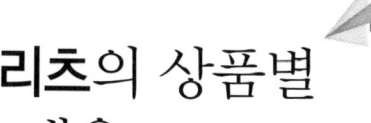

코크렙 제1호 기업구조조정 부동산투자회사

★ 설립일 : 2002년 4월 30일

★ 상장일 : 2002년 5월 30일

★ 총자산 규모 : 2,350억 원(자본금 : 1,330억 원)

★ 공모경쟁률 : 2.06 대 1

★ 배당수익률 : 9.57%

★ 출자자 현황

(단위 : 100만 원)

구 분	출자액
한국산업은행	18,500
(주)우리은행	18,500
(주)조흥은행	7,500
(주)하나은행	7,500
(주)경남은행	2,000
한화석유화학(주)	30,000
동양화재해상보험(주)	10,000
LG화재해상보험(주)	10,000
금호생명(주)	5,000
일반 공모	24,000
총합계	133,000

자산구성

(단위 : 100만 원)

편입건물	자 산	자 본	수 익
한화 빌딩	187,034	111,812	23,912
대아 빌딩	24,653	11,167	4,239
대한 빌딩	23,403	10,021	4,423

편입 물건 개요

《 한화 빌딩

소 재 지 : 서울시 중구 장교동 1번지
규   모 : 지상 29층, 지하 4층
주요입주사 : 한화그룹, Bank of AMERICA, 그리스대사관 등
특   징
- 서울시내 중심상업지역에 위치하고 있는 프라임 빌딩
- 서울 시청, 종로, 명동 등과 인접하여 있고 각종 대중교통 수단과의 연결이 손쉬워 접근성이 매우 양호함
- 현재 한화그룹 본사빌딩으로 사용중임

《 대아 빌딩

소 재 지 : 서울시 마포구 동교동 165-5
규   모 : 지상 17층, 지하 4층
주요입주사 : 좋은사람들, 씨엔아이, 다신디지털비전 등
특   징
- 지하철 역세권에 위치(2호선 홍대입구역)
- 폭 40m의 양화로와 인접함
- 인근지역에는 보험회사와 중소규모의 무역회사가 입주해 있으며, IT 및 통신 관련 업종의 진출이 늘고 있음

《 대한 빌딩

소 재 지 : 서울시 영등포구 여의도동 25
규   모 : 지상 14층, 지하 4층
주요입주사 : 대한방직, 에이스타스 엔터테인먼트 등
특   징
- 지하철 5호선 여의도역에서 200m 거리에 위치함
- 여의도 중소기업전시장 앞에 위치함
- 인근지역에는 대부분 증권회사와 보험회사가 입주해 있음. 특히 인근 MBC의 영향으로 방송업체가 다수 입지해 있음

예상배당률

평균	제1기	제2기	제3기	제4기	제5기
	8.38%	9.21%	9.03%	9.59%	9.23%
9.57%	제6기	제7기	제8기	제9기	제10기
	9.60%	9.58%	10.01%	9.78%	11.28%

- 예상배당률은 회계기간별 이익배당액을 최초 자기자본 투자액으로 나누어 계산한다.
- 창업비는 기존 회계기준에 의거해 5년간 정액 상각한다.
- 1회계연도는 6개월이며, 기별 예상배당률은 1년으로 환산한 수치이다.

운용성과

- 상기 예상배당률은 자연공실률 5%를 가정하여 산정한 것이지만 한화 빌딩의 경우 2005년 3월 현재 공실이 없으며, 관리의 효율화를 통해 예상관리비용을 상당히 절감하고 있으므로 예상배당률을 상회하는 운용성과가 나타날 것으로 전망된다.
  또한, 청계천 복원사업의 구체화로 인해 향후 본건 부동산의 자산가치 상승이 기대된다.
- 대한 빌딩 및 대아 빌딩의 경우 부동산 시장 여건의 호전으로 인해 임대료의 상승과 공실률의 하락으로 매입 후 1년이 경과하지 않은 현재 자산가치가 10% 이상 상승한 것으로 판단된다.
- 주식에 있어서는 실물 자산에 기초한 안정적 현금수익으로 기존 금융 상품과는 차별화되는 특성으로 인하여 투자위험의 분산과 자금의 안정적 운용수단으로 포트폴리오 구성에 적합한 상품이다.
  특히, 주가 하락시 주식에 비해 상대적으로 변동폭이 적어 리츠 투자가치의 안정성이 부각된다.

코크렙 제2호 기업구조조정 부동산투자회사

★ 설립일 : 2002년 10월 17일

★ 상장일 : 2002년 11월 11일

★ 발기인 : 한국산업은행, (주)우리은행, (주)조흥은행, (주)하나은행, LG화재해상보험(주), 삼성화재해상보험(주)

★ 존속기한 : 5년

★ 투자대상 : 명동 신원 빌딩, 논현동 하나로 빌딩

★ 총투자 : 1,116억 원(자본금 560억 원, 타인자본 556억 원)

★ 판매회사 : 현대증권, 대우증권, SK증권

★ 공모경쟁률 : 10.26 대 1

★ 배당수익률 : 11.49%

주주구성

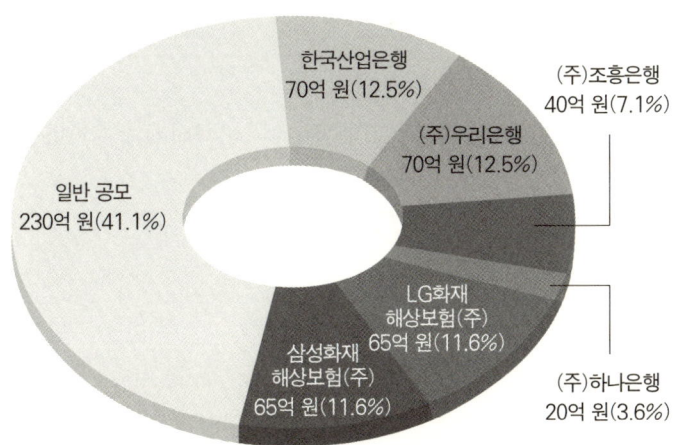

투자금액 내역

```
┌─────────────────────┐  ┌─────────────────────┐  ┌─────────────────┐
│ 부동산 투자금액 109,517 │  │   설립비용 1,339    │  │ 현금보유액 765  │
│  명동 신원 빌딩 82,362 │  │  재무실사, 법률실사 │  │     예비비      │
│  논현동 하나로 빌딩 27,155│  │  설립등기비 등 창업비│  │                 │
└─────────────────────┘  └─────────────────────┘  └─────────────────┘
              ↘                   ↓                    ↙
                   ┌──────────────────────────┐
                   │   총투자금액 111,621     │
                   └──────────────────────────┘
                               ↑
              ┌────────────────┴────────────────┐
    ┌──────────────────┐              ┌──────────────────────┐
    │ 자기자본 56,000  │              │  타인자본 55,622     │
    │    (자본금)      │              │ (부채) 임대보증금 17,761 │
    │                  │              │      장기차입금 37,861 │
    └──────────────────┘              └──────────────────────┘
```

외부 전문기관

- 재무실사 : 삼일회계법인

- 법률실사 : 세종법무법인

- 건물실사 : 한국건설품질연구원

- 감정평가 : 대일에셋감정평가법인, 아세아감정평가법인

편입물건 개요

《 명동 타워

소 재 지 : 서울시 중구 명동 2가 31-1
소 유 주 : 주식회사 신원
대지면적 : 912평
연 면 적 : 8416평
규   모 : 지상 22층, 지하 2층
준 공 일 : 1977년
지역/지구 : 일반상업지역
주요용도 : 백화점, 사무실
주요임차인 : 백화점 – 유투존
리테일 – 맥도널드, 명보사, RG화원, 스카이21,
오피스 – 농협, 기타

- 특 징

  국내 최대의 유동인구를 보유한 명동의 중심에 위치하고 있으며 백화점 유투존 및 맥도널드·스카이21 등 리테일, 기타 사무실로 구성되어 있다.

  1977년 준공된 빌딩으로, 현재 (주)신원의 워크아웃 상태로 주변빌딩보다 공실률이 높은 상황이다.

- 운영전략

  백화점 유투존 부문은 (주)삼성물산과 5년간 책임임대계약을 체결해 공실위험을 제거하였다. 오피스 부문은 리모델링을 통하여 수익구조를 개선할 계획이며, 전세비중이 큰 임차구조를 월세구조로 전환할 예정이다.

  무역회사, 사금융기관, 엔터테인먼트 업종 등의 명동상권에 맞는 임차인을 유치하여 공실을 최소화할 계획이다.

- 향후 전망

　(주)코람코의 자산관리 운영계획에 따른 관리로 명동상권의 특성에 맞는 선진국형 다기능 종합쇼핑몰로 성장하게 되면 자산가치가 상승하여 상당한 자본이익이 발생할 것으로 예상된다.

《 트리스트 타워

소 재 지 : 서울시 강남구 논현동 70-6
소 유 주 : 두산중공업(주)
대지면적 : 526평
연 면 적 : 3933평
규　　모 : 지상 13층, 지하 4층
준 공 일 : 2002년 5월
지역/지구 : 일반상업지역
주요용도 : 뷰티클리닉 전문빌딩
주요임차인 : 네오성형외과, 동인당한방병원, 예치과, Body works, 아베다코리아 피트니스센터, 드림피부과

- 특 징

　지하철 7호선 강남구청역에서 근거리에 위치하고 있으며, 관세청·도산공원 등이 인접해 있다.

　2002년 5월 준공된 빌딩으로, 뷰티클리닉 컨셉의 테마빌딩화를 추진하고 있는 전문빌딩이다. 성형외과, 안과, 한방병원, 치과 등이 입주해 있다.

- 운영전략

　SBS의 전략적 제휴사인 (주)비코렉트와 전체면적에 대해 5

년간 책임임대계약을 체결해 공실위험을 최소화하였다.

책임임대방식의 매입으로 임대료 수입을 매입시점에서 확정하여 현금흐름 창출을 할 수 있도록 하였다. 뷰티클리닉 위주의 우량임차인으로 구성하여 임대수입을 확대할 계획이다.

오피스 빌딩 이상의 임대수입 확보로 건물가치 상승을 유도할 계획이다.

- 향후 전망

강남상권의 특성에 맞는 뷰티클리닉으로 특색화하면 자산가치 상승으로 상당한 자본이익이 발생할 것으로 예상된다.

예상배당률

평균	제1기	제2기	제3기	제4기	제5기
	8.77%	4.89%	10.20%	8.99%	10.76%
11.49%	제6기	제7기	제8기	제9기	제10기
	9.56%	11.53%	10.09%	12.23%	27.86%

- 예상배당률 = 회계기간별 이익배당액 / 최초 자기자본 투자액(560억 원)
- 10기 배당률 = (이익배당액＋이익준비금적립액) / 최초 자기자본 투자액(560억 원)
- 상법에 따라 매기별 이익배당액의 10%를 이익준비금으로 적립해 두었다가 청산시점인 제10기에 적립금 전액을

투자자에게 배당한다.
- 6개월마다 결산배당을 실시(6월, 12월)하고, 기별 예상배당률은 1년으로 환산한 수치이다.
  - 1기 : 2002년 11월 1일~2003년 6월 30일
  - 10기 : 2007년 7월 1일~2007년 10월 31일

- 개정 기업회계기준에 따라 창업비를 2기에 일시 상각함에 따라 2기 배당률이 낮아진다.
- 기존 회계기준에는 창업비를 존속기간(5년) 동안 균등상각한다.

예상배당률은 현재 조건하에서 합리적으로 산출한 예상치로서 실제 배당률은 예상치와 다를 수 있다.

코크렙 제3호 기업구조조정 부동산투자회사

★ 설립일 : 2003년 8월 5일
★ 상장일 : 2003년 9월 29일
★ 발기인 : 한국산업은행, (주)우리은행, (주)조흥은행, 대한지방행정공제회, 금호생명(주), 삼성생명(주), 삼성화재해상보험(주), 제일화재해상보험, 삼성노블카운티
★ 존속기한 : 5년
★ 투자대상 : 여의도 한화증권 빌딩, 논현동 아이빌힐타운

빌딩

★ 총투자 : 1,562억 원(자본금 680억 원, 타인자본 882억 원)

★ 판매회사 : 대우증권, 한화증권, 현대증권, SK증권

★ 공모경쟁률 : 3.27 대 1

★ 배당수익률 : 10.62%

주주구성

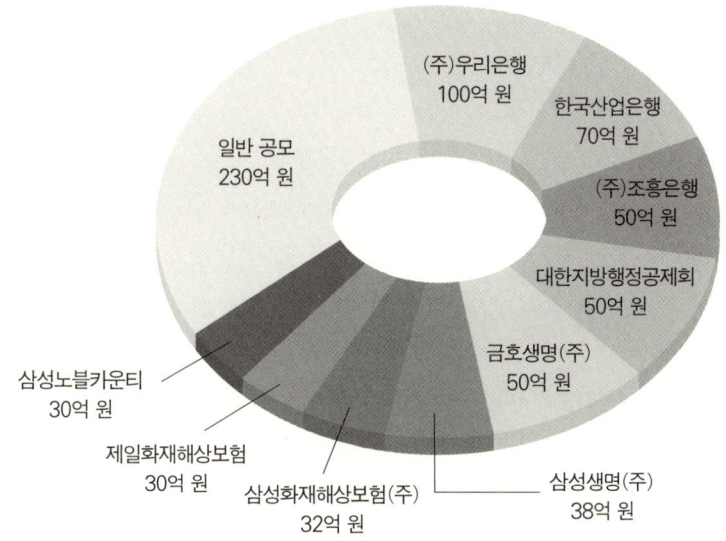

투자금액 내역

- **부동산 투자금액 153,731**
  여의도한화증권빌딩 140,202
  논현동 아이빌힐타운 13,529

- **설비비용 996**
  재무실사, 법률실사
  설립등기비 등 창업비

- **현금보유액 1,452**
  예비비

↓

총투자금액 156,179

↑

- **자기자본 68,000**
  (자본금)

- **타인자본 88,179**
  임대보증금 12,179
  장기차입금 76,000

편입물건 내역

《 한화증권 빌딩 》

소 재 지 : 서울시 영등포구 여의도동 23-5
소 유 주 : 주식회사 한화증권
대지면적 : 1121평
연 면 적 : 8041평
규   모 : 지상 27층, 지하 7층
준 공 일 : 1995년 3월
지역/지구 : 일반상업지역/1종 미관지구, 주차장정
           비지구
주요용도 : 업무시설
주요임차인 : 한화증권, 안진회계법인, 기타

- 특징

증권금융시장의 중심지인 여의도의 증권회사 본점이 밀집해 있는 증권타운에 위치하고 있다.

여의도를 대표하는 프라임급 빌딩으로서 외부 경제 충격에 영향이 적고, 최근 2년간 공실률이 1%대 이내로 유지된 빌딩이다.

한화증권(29%) 및 안진회계법인(28%)이 전체 면적의 절반 이상을 임차하고 있으며, 금융업(22%) 및 리테일(10%) 업종의 임차인으로 구성되어 있다.

- 운영전략

주요 임차인인 한화증권 및 안진회계법인과 5년간의 장기 임대차계약 체결을 통하여 공실위험을 최소화할 계획이다.

또한 27층(직원식당)과 26층(연수실)을 오피스 공간으로 전환하여 신규 임대수입원을 창출할 계획이다.

지하 1층 리테일 부분 활성화를 통한 임대료 현실화를 통하여 수익률을 제고할 예정이다.

- 향후 전망

서울시에서 여의도 - 상암동 - 청계천을 잇는 삼각축을 국제금융 중심지로 집중 개발할 계획이다. 따라서 여의도 지역은 증권 및 금융 중심지로 더욱 발전될 것으로 전망되며, 이에 따른 한화증권 빌딩의 자산가치 상승이 예상된다.

《 아이빌힐타운 빌딩

소 재 지 : 서울시 강남구 논현동 152-5
소 유 주 : (주)대원C&D(대한토지신탁에 관리처분신탁 상태)
대지면적 : 전체 950평 중 227평
연 면 적 : 전체 6388평 중 1516평
규   모 : 전체(지상 7층, 지하 4층) 중 지상 1, 2층 매입
준 공 일 : 2003년 1월
지역/지구 : 일반주거지역/일반문화지구
주요용도 : 업무시설
주요임차인 : LG화학에 100% 임대

- 특 징

지하철 7호선 학동역에서 근거리에 위치하고 있으며, 강남구청이 인접해 있다. 고급 수입가구 및 인테리어 전시장 특화지역에 위치하고 있다.

임차공간을 LG테코빌 등의 전시장으로 활용할 계획인 임차인〔(주)LG화학〕에게 최적의 입지를 제공하고 있다.

- 운영전략

(주)LG화학과 전체 임대면적에 대하여 5년의 장기임대차계약을 체결함으로써 공실위험을 제거하였다. 펀드 존속기간이 종료할 때까지 임대차함으로써 임대료 수입을 매입시점에서 확정하여 안정적인 현금흐름을 창출할 수 있도록 하였다.

- 향후 전망

강남의 요지에 위치하여 매입가격이 상대적으로 낮은 수준으로서 향후 자산가치 상승 및 이에 따른 자본이득이 예상된다.

예상배당률

평균	제1기	제2기	제3기	제4기	제5기
10.62%	6.52%	7.49%	7.39%	7.31%	7.19%
	제6기	제7기	제8기	제9기	제10기
	7.72%	7.79%	8.48%	8.35%	37.93%

- 예상배당률 = 회계기간별 이익배당액 / 최초 자기자본 투자액(680억 원)
- 10기 배당률 = (이익배당액+이익준비금적립액) / 최초 자기자본 투자액(680억 원)
- 상법에 따라 매기별 이익배당액의 10%를 이익준비금으로 적립해 두었다가 청산시점인 제10기에 적립금 전액을 투자자에게 배당한다.
- 6개월마다 결산배당을 실시(2월, 8월)하고, 기별 예상배당률은 1년으로 환산한 수치이다.
- 1기 : 2003년 8월 18일 ~ 2004년 2월 28일
- 10기 : 2008년 3월 1일 ~ 2008년 8월 31일

- 개정 기업회계기준에 따라 창업비를 1기에 일시 상각함에 따라 1기 배당률이 낮아진다.
- 기존 회계기준에는 창업비를 존속기간(5년) 동안 균등상각한다.

예상배당률은 현재 조건하에서 합리적으로 산출한 예상치로서 실제 배당률은 예상치와 다를 수 있다.

코크렙 제4호 기업구조조정 부동산투자회사

- ★ 설립일 : 2004년 4월 8일
- ★ 상장일 : 비상장
- ★ 발기인 : (주)와이티엔, 한국교직원공제회, 삼성생명(주), 대한생명(주), 교보생명(주), 금호생명(주), 사회복지법인 삼성생명공익재단(삼성노블카운티), (주)우리은행
- ★ 존속기한 : 5년
- ★ 투자대상 : YTN 타워, 한솔 M.COM 빌딩
- ★ 총투자 : 760억 원
- ★ 판매회사 : 삼성증권
- ★ 공모경쟁률 : 사모
- ★ 배당수익률 : 10.24%
- ★ 주주구성

구 분	출자금액	출자비율(%)	비 고
(주)와이티엔	304	40.0	
한국교직원공제회	100	13.2	
삼성생명(주)	75	9.9	
대한생명(주)	50	6.6	
교보생명(주)	50	6.6	
금호생명(주)	50	6.6	
사회복지법인 삼성생명공익재단 (삼성노블카운티)	38	5.0	
(주)우리은행	30	3.9	
일반 주주	63	8.3	
계	760	100	

편입물건 개요

《 YTN 타워

소 재 지 : 서울시 중구 남대문로 5가 6-1
소 유 주 : (주)대우건설
대지면적 : 958.2평
연 면 적 : 12,802.28평
규   모 : 지상 27층, 지하 7층
준 공 일 : 2003년 12월 24일
지역/지구 : 일반상업지역/1종 미관지구, 방화지구
주요용도 : 업무시설, 제2종 근린생활시설
주요임차인 : YTN, 한국주택금융공사, 기타

- 특 징

　YTN 타워는 도심에 위치한 신축건물로서 광화문 - 남대문 - 서울역에 이르는 서울시 주요 프라임빌딩 개발축의 연결선 상에 위치하고 있다.

　이 빌딩은 남대문, 남산, 서울역 중앙에 위치함으로써 편리한 교통여건과 금융 및 행정기관의 인접으로 양호한 업무여건을 제공할 수 있다.

- 운영전략

　YTN, 한국주택금융공사, LG카드 등 우량임차인과 장기임대차계약을 체결하여 공실위험을 최소화할 계획이다.

- 향후 전망

　서울역의 고속전철 개통, 갤러리아 CONCOS 오픈 등으로 주변 입지여건이 개선되어 향후 빌딩의 자산가치 상승이 예상된다.

《 한솔 M.COM 빌딩

소 재 지 : 서울시 서초구 서초동 1321-11
소 유 주 : 한솔개발(주)
대지면적 : 766.78평 중 536.33평 매입
연 면 적 : 11,247.63평 중 7,867.12평 매입
규   모 : 지상 20층, 지하 7층(매입지 1~3층, 8~10층, 13~20층)
준 공 일 : 1997년 6월 30일
지역/지구 : 일반상업지역/중심지미관지구
주요용도 : 업무시설, 근린생활시설, 통신시설
주요임차인 : KTF, 경동보일러, 조흥은행, 기타

- 특 징

한솔 M.COM 빌딩은 강남역 인근 대로변에 위치하고 있다. 양재 IC 및 서초 IC로의 접근이 용이하며, 업무시설 밀집지역에 위치해 향후 자산가치 상승 잠재력이 증대될 것으로 예상된다.

- 운영전략

KTF, 경동보일러 등 재무구조가 우량한 임차인으로 구성되어 있어 안정적인 임대수입의 확보가 가능하다. 또한 경동보일러의 경우 5년간 책임임대계약을 체결하여 공실위험을 최소화하였다.

- 향후 전망

삼성그룹의 12만 평 규모의 업무용 빌딩 건립 등으로 인해 향후 업무시설 기능이 강화되고 매각가치가 증대될 것으로 예상된다.

예상배당률

평균	제1기	제2기	제3기	제4기	제5기
	5.01%	9.49%	7.36%	7.95%	7.69%
10.69%	제6기	제7기	제8기	제9기	제10기
	8.79%	8.34%	8.72%	7.86%	66.42%

- 예상배당률 = 회계기간별 이익배당액 / 최초 자기자본 투자액(760억 원)
- 10기 배당률 = (이익배당액+이익준비금적립액) / 최초 자기자본 투자액(760억 원)
- 상법에 따라 매기별 이익배당액의 10%를 이익준비금으로 적립해 두었다가 청산시점인 제10기에 적립금 전액을 투자자에게 배당한다.
- 6개월마다 결산배당을 실시(6월, 12월)하고, 기별 예상배당률은 1년으로 환산한 수치이다.
  - 1기 : 2004년 4월 1일~2004년 12월 31일
  - 10기 : 2009년 1월 1일~2009년 3월 31일

- 개정 기업회계기준에 따라 창업비를 1기에 일시 상각함에 따라 1기 배당률이 낮아진다.
- 기존 회계기준에는 창업비를 존속기간(5년) 동안 균등상각한다.

예상배당률은 현재 조건하에서 합리적으로 산출한 예상치로서 실제 배당률은 예상치와 다를 수 있다.

코크렙 제5호 기업구조조정 부동산투자회사

★ 설립일 : 2004년 12월 15일
★ 상장일 : 비상장
★ 발기인 : 교보생명(주), 삼성생명(주), 국민연금관리공단, 대한생명(주)
★ 존속기한 : 5년
★ 투자대상 : 데이콤 빌딩
★ 총투자 : 500억 원
★ 공모경쟁률 : 사모
★ 배당수익률 : 8.71%
★ 주주구성

구 분	출자금액	출자비율(%)	비 고
국민연금관리공단	200	40.0	
교보생명(주)	150	30.0	
대한생명(주)	75	15.0	
삼성생명(주)	75	15.0	
계	500	100	

편입물건 개요

《 데이콤 빌딩

소 재 지 : 서울시 강남구 역삼동 706-1
소 유 주 : (주)데이콤
대지면적 : 645.05평
연 면 적 : 10,424.38평
규   모 : 지상 20층, 지하 7층
준 공 일 : 1999년 12월 30일
주요용도 : 업무시설
주요임차인 : 데이콤, 다음커뮤니케이션

- 특 징

데이콤 빌딩은 테헤란 대로변에 위치하고 있다. 이 곳은 금융업계와 벤처기업의 중심지로 호텔 등 편의시설 및 업무시설이 밀집되어 있다.

양재 IC 및 서초 IC로의 접근성이 용이하며, 지하철 2호선 선릉역이 가까이에 있다. 또한 다양한 버스노선 그리고 빌딩의 인지도와 관리 상태가 양호해 향후 더 많은 자산가치 상승의 잠재력이 증대될 것으로 예상된다.

- 운영전략

데이콤, 다음커뮤니케이션 등 우량임차인과 장기임대차계약을 체결하여 공실위험을 최소화할 계획이다.

- 향후 전망

임대 및 매매가 활발하게 이루어지고 있는 강남권역의 테헤란로에 위치한 빌딩으로서 적극적인 자산관리를 통하여 향후 자산가치 상승이 예상된다.

예상배당률

평균	제1기	제2기	제3기	제4기	제5기
	8.08%	7.40%	7.92%	7.93%	8.50%
8.97%	제6기	제7기	제8기	제9기	제10기
	8.05%	8.93%	8.95%	9.55%	15.60%

- 예상배당률 = 회계기간별 이익배당액 / 최초 자기자본 투자액(500억 원)
- 10기 배당률 = (이익배당액＋이익준비금적립액) / 최초 자기자본 투자액(500억 원)
- 상법에 따라 매기별 이익배당액의 10%를 이익준비금으로 적립해 두었다가 청산시점인 제10기에 적립금 전액을 투자자에게 배당한다.
- 6개월마다 결산배당을 실시(6월, 12월)하고, 기별 예상배

당률은 1년으로 환산한 수치이다.
- 1기 : 2004년 12월 1일 ~ 2005년 6월 30일(7개월)
- 10기 : 2009년 7월 1일 ~ 2009년 11월 30일(5개월)

- 개정 기업회계기준 3호에 따라 창업비를 1기에 일시상각함에 따라 1기 배당률이 낮아진다.
- 기존 회계기준에는 창업비를 존속기간(5년) 동안 균등상각한다.

예상배당률은 현재 조건하에서 합리적으로 산출한 예상치로서 실제 배당률은 예상치와 다를 수 있다.

교보-메리츠 퍼스트 기업구조조정 부동산투자회사

★ 설립일 : 2001년 12월 21일
★ 상장일 : 2002년 1월 30일
★ 발기인 : 교보생명(주), 동양화재해상보험(주), 메리츠증권
★ 존속기한 : 5년
★ 투자대상 : 등촌동 KAL 빌딩, 사직동 삼익아파트, 덕천동 KAL 사원아파트, 내동 KAL 사원아파트
★ 자본금 : 840억 원
★ 공모경쟁률 : 1.04 대 1

★ 배당수익률 : 8.04%

출자자 현황

(단위 : 100만 원)

구 분	출자액
교보생명(주)	42,800
동양화재해상보험(주)	2,500
메리츠증권(주)	2,000
발기인 합계	47,300
일반 공모	36,700
총합계	84,000

편입물건 개요

《 등촌동 KAL 빌딩

소 재 지 : 서울시 강서구 등촌동 653-24, 25
규   모 : 지하 3층, 지상 7층
주요용도 : 업무시설(한미은행, KAL 연수원 등)

《 사직동 삼익아파트

소 재 지 : 부산시 동래구 사직동 15-5
규   모 : 지하 1층, 지상 12층 1개동
주요용도 : 아파트 및 상가
준 공 일 : 1979년 6월

《 덕천동 KAL 사원아파트

소 재 지 : 부산시 북구 덕천동 358-1, 2
규   모 : 지상 5층 2개동 및 지하 1층, 지상 2층 1개동
주요용도 : 아파트 및 상가
준 공 일 : 1978년 3월

《 내동 KAL 사원아파트

소 재 지 : 경남 김해시 내동 121-2
규   모 : 지하 1층, 지상 12층 11개동
주요용도 : 아파트
준 공 일 : 1990년

리얼티코리아 제1호 기업구조조정 부동산투자회사

★ 설립일 : 2003년 4월 16일

★ 상장일 : 2003년 5월 13일

★ 발기인 : Transcontinental Realty Investors, Inc., 교보생명(주), LG화재해상보험(주), 동양화재해상보험(주), (주)신한은행, (주)리얼티어드바이저스코리아

★ 존속기한 : 5년

★ 투자대상 : 로즈데일 빌딩, 엠바이엔 빌딩, 세이백화점

★ 자본금 : 660억 원

★ 공모경쟁률 : 1.006 대 1

★ 배당수익률 : 11.67%

출자자 현황

(단위 : 100만 원)

구 분	출자액
교보생명(주)	15,000
Transcontinental Realty Investors, Inc.	6,100
LG화재해상보험(주)	6,000
동양화재해상보험(주)	5,000
(주)신한은행	5,000
(주)리얼티어드바이저스코리아	1,900
발기인 합계	39,000
일반 공모	27,000
총합계	66,000

편입물건 개요

《 로즈데일 빌딩

소 재 지 : 서울시 강남구 수서동 724
규   모 : 지하 8층, 지상 20층
준 공 일 : 2000년
주요입주사 : 신세계, 삼성증권FN센터, 안철수연구소 등
특   징
- 지하철 3호선 및 분당선 환승역인 수서역과 직접 연결됨
- 삼성증권, 신세계, 파리크라상 등 우수한 임차인과 장기임대계약 체결
- 주변지역 개발에 따른 성장가능성이 높은 지역 내에 입지함

《 엠바이엔 빌딩

소 재 지 : 경기도 성남시 분당구 수내동 16-6
규   모 : 지하 5층, 지상 10층
준 공 일 : 1997년
주요입주사 : 엠바이엔, 터보테크, 국제종합건설 등
특   징
- 분당선 초림역과 인접하고 도로 접근성이 우수함
- 공기업(한국토지공사 등) 및 대기업의 본사(KT, 삼성 물산 등)가 입지한 신흥 핵심 업무지역으로 부상함
- 임대수요층의 다양화로 낮은 공실률을 유지할 수 있음

《 세이백화점

소 재 지 : 대전시 중구 문화동 1-16
규   모 : 본관 - 지하 6층, 지상 8층
         별관 - 지하 1층, 지상 8층
준 공 일 : 본관 - 1996년, 별관 - 2001년
주요입주사 : 세이백화점, CGV영화관, 우리은행 등
특   징
- 대전지하철 1, 2호선 환승역이 개통될 예정으로 접근성 용이
- 서대전상권의 중심지로 독점적 상권 형성
- 리얼티 CR 리츠가 매각선택권을 보유함으로써 청산시 자산매각 용이

유레스-메리츠 퍼스트 기업구조조정 부동산투자회사

★ 설립일 : 2003년 8월 20일

★ 상장일 : 2003년 8월 29일

★ 발기인 : 대한생명(주), 동양화재해상보험(주) 금호생명

(주), 동성화학(주), 성재영, (주)JW ASSET, (주)유레스, 메리츠증권(주)

★ 존속기한 : 5년
★ 투자대상 : 세이브존 성남점 · 노원점 · 대전점, 노원구 한신스포츠센터 단지 내 상가
★ 자본금 : 500억 원
★ 총자산규모 : 1,157억 원
★ 공모경쟁률 : 2.45 대 1
★ 배당수익률 : 11.00%

출자자 현황

(단위 : 100만 원)

구 분	출자액
대한생명(주)	7,500
성재영(개인)	2,000
동양화재해상보험(주)	5,000
(주)JW ASSET	900
금호생명(주)	5,000
(주)유레스	300
동성화학(주)	2,000
메리츠증권(주)	300
발기인 합계	23,000
기타 주주	4,800
일반 공모	22,200
총합계	50,000

편입물건 개요

《 노원구 한신스포츠센터 단지 내 상가

소 재 지 : 서울시 노원구 하계동 256-5
규   모 : 지하 3층, 지상 2층
주요용도 : 스포츠센터
임 차 인 : 유레스
특   징
- 강북의 대규모 아파트 주거밀집지역 내에 위치함
- 현대아파트, 청구아파트, 한신아파트 등 풍부한 잠재 고객층을 확보함
- 독점적 단지 내 상가로 임차인의 안정적인 수익이 예상됨

《 세이브존 성남점

소 재 지 : 경기도 성남시 수정구 신흥동 2463-5
규   모 : 지하 4층, 지상 6층
주요용도 : 백화점형 할인점
임 차 인 : 유레스
특   징
- 성남대로 및 단대오거리와 인접, 접근성이 우수함
- 영화관(6개 상영관) 확보로 고객 유치에 시너 지효과를 발휘함
- 경쟁 유통매장이 없는 독점상권 형성에 따른 매출 신장 및 영업이익이 기대됨

《 세이브존 대전점

소 재 지 : 대전시 서구 삼천동 991
규   모 : 지하 4층, 지상 6층
주요용도 : 백화점형 할인점
임 차 인 : 유레스
특   징
- 대전의 신흥 주거밀집지역인 둔산지구에 위치함
- 대전 서구지역의 지속적인 도시확장에 따른 시장확대 전망이 우수함
- 신도시 아파트가 밀집된 지역밀착형 상권으로 성장할 가능성이 높음

《 세이브존 노원점

- **소 재 지** : 서울시 노원구 하계동 284
- **규　　모** : 지하 2층, 지상 5층
- **주요용도** : 백화점형 할인점
- **임 차 인** : 유레스
- **특　　징**
  - 지하철 7호선 하계역과 직접 연결되어 접근성이 우수함
  - 노원구 일대 중산층 밀집지역으로 세이브존 타깃 고객층과 일치함
  - 세대수가 많고 구매력이 높은 20~30대 인구의 비율분포가 넓어 상권의 지속적인 유지가 가능함

···· K1 기업구조조정 부동산투자회사

- ★ 설립일 : 2002년 9월 26일
- ★ 상장일 : 비상장
- ★ 발기인 : General Electric Capital Corporation, (주)신영, (주)한국토지신탁, (주)우리은행
- ★ 존속기한 : 5년
- ★ 투자대상 : 디오센터 빌딩, 신송센터 빌딩
- ★ 자본금 : 500억 원
- ★ 공모경쟁률 : 사모
- ★ 배당수익률 : 9.81%

출자자 현황

(단위 : 100만 원)

구 분	출자액
General Electric Capital Corporation	45,999.5
(주)신영	2,001
(주)한국토지신탁	1,499.5
(주)우리은행	1,000

편입물건 개요

《 디오센터 빌딩

소 재 지 : 서울시 중구 중림동 500
규   모 : 지하 6층, 지상 16층
준 공 일 : 2001년 5월
주요입주사 : GS홈쇼핑, 애니벨, 쌍용, 교보생명(주) 등
특   징
- 지하철 2, 5호선 환승역인 충정로역에서 도보로 5분 거리에 위치함
- 광화문, 종로 등 도심권으로의 진·출입이 용이함

《 신송센터 빌딩

소 재 지 : 서울시 영등포구 여의도동 25-12
규   모 : 지하 7층, 지상 20층
준 공 일 : 1993년 3월
주요입주사 : 코업레지던스, 세종증권, 팬택, 한국네트인 등
특   징
- 지하철 5호선 여의도역에서 도보로 5분 거리에 위치함
- 주변에 증권 및 오피스 빌딩 타운 형성
- 임대수요층의 다양화로 낮은 공실률을 유지할 수 있음

맥쿼리센트럴오피스 기업구조조정 부동산투자회사

★ 설립일 : 2003년 12월 12일
★ 상장일 : 2004년 1월 8일
★ 발기인 : 맥쿼리은행, 슈로더아시안프라퍼티 - 아본라 코리아 I홀딩스, 삼성생명(주), 삼성화재해상보험(주), LG화재해상보험(주), (주)맥쿼리 프로퍼티 어드바이저스 코리아
★ 존속기한 : 5년
★ 투자대상 : 충무로 극동 빌딩
★ 자본금 : 763억 300만 원
★ 공모경쟁률 : 2.45 대 1
★ 배당수익률 : 11.38%

출자자 현황

(단위 : 100만 원)

구 분	출자액
맥쿼리은행	13,710.49
삼성화재해상보험(주)	3,800
슈로더아시안프라퍼티 - 아본라 코리아 I 홀딩스	8,478.11
LG화재해상보험(주)	3,000
삼성생명(주)	7,600
(주)맥쿼리 프로퍼티 어드바이저스 코리아	2,281.45
발기인 합계	38,870.05
기타 주주	2,281.45
일반 공모	76,303

편입물건 개요

《 극동 빌딩

소 재 지 : 서울시 중구 충무로3가 60-1
규   모 : 지하 3층, 지상 22층
주요용도 : 업무용 빌딩
주요입주사 : 극동건설, 풍산, 삼성생명(주), 현대정보기술, CJ텔레닉스 등
특 징
- 지하철 3, 4호선 충무로역에서 도보로 3분 거리. 교통이 편리함
- 충무로 인근 오피스 빌딩 형성지역에 위치함

05
리츠제도 개정안에 따른 향후 전망을 알아보자

부동산투자회사법, 어떻게 바뀌나?

앞으로 부동산투자회사가 대도시 중심상권 건축물 개발에 총자산의 100%까지 투자할 수 있게 되어 리츠시장이 크게 활성화될 전망이다. 건설교통부는 2004년 12월 3일 리츠에 관한 규제를 크게 완화하는 것을 내용으로 한 부동산투자회사법 시행령 개정안을 마련하여 입법 예고했다.

또 부동산투자회사법을 2004년 4월 9일 개정하여 2005년 4월 23일부터 새로 개정된 법에 의해 일반 리츠 설립이 활성화될 것으로 전망된다.

이번에 바뀌는 부동산투자회사법은 재정경제부의 반대 등으로 2002년초 법 개정을 추진한 지 2년 9개월여 만에 이뤄졌다. 달라진 법의 핵심을 살펴보면 일반 리츠의 진입문턱을 낮춘다는 점이다. 2001년 7월 이 법이 제정된 후 CR 리츠는

10개가 설립되었지만 일반 리츠는 법인세 감면 등 세제혜택이 없어 실적이 단 한 건도 없었다. 하지만 앞으로는 일반 리츠도 CR 리츠처럼 실체가 없는 서류상의 회사(페이퍼 컴퍼니) 형태로 설립할 수 있게 된다. 정부는 이런 형태의 회사를 '위탁관리부동산투자회사'로 부르고, 실제 투자 및 운용은 전문 자산관리회사(AMC)에 맡기도록 했다.

이렇게 되면 일반 리츠도 이익금의 29.7%에 해당하는 법인세가 면제되어 투자자에게 배당을 많이 할 수 있다. 물론 현행법대로 실체가 있는 회사(개정법상 '자기관리부동산투자회사') 형태로 설립할 수도 있다.

무엇보다도 가장 큰 걸림돌이던 법인세 문제가 해결되어 일반 리츠도 CR 리츠에 못지 않은 수익성을 보장받게 되어 앞으로 일반 리츠의 설립 건수가 크게 늘 것으로 전망된다.

회사를 쉽게 만들 수 있도록 최소 자본금은 500억 원에서 250억 원으로 낮췄다. 또한 자본금의 50%까지 현물출자도 허용된다. 종전에 금지되었던 차입 및 사채발행도 자기자본의 2배까지 할 수 있다. 다시 말해서 돈을 빌려 자산을 늘릴 수 있는 것이다.

개발사업도 확대된다. 예전에는 자기자본의 30% 범위 이내에서 건설교통부장관의 인가를 받아야 할 수 있었지만 앞으로는 총자산의 30%까지 투자할 수 있고, 장관의 인가 없이 주주총회의 결의만 받으면 된다.

건설교통부는 일정한 수익이 보장되는 개발사업이란 특별

시·광역시·신도시(100만 평 이상) 내 중심상권에 건축물을 신축하거나 인수하는 사업 등을 뜻한다고 설명했다.

일반적인 개발사업의 투자대상은 공정률이 30% 이상 진행된 것만 허용될 전망이나 공공사업으로 추진되는 임대주택사업 및 도시개발사업은 땅 매입 시점부터 회사 자산의 100%까지 투입할 수 있다. 건설교통부는 이미 택지개발지구 내 공동주택용지의 5%를 리츠와 연·기금 등에 우선 공급하도록 택지개발업무지침을 개정했다.

부동산투자회사법 어떻게 달라졌나

구분	종전	개정	기대효과
회사유형	부동산투자회사(실체회사, 일반 리츠) 기업구조조정 부동산투자회사(서류상 회사, CR 리츠)	자기관리부동산투자회사(실체회사, 종전의 일반 리츠와 같은 개념) 위탁관리부동산투자회사(서류상 회사, 신설) 기업구조조정회사(서류상 회사, CR 리츠)	일반 리츠도 명목상 회사 형태로 설립 가능(법인세 감면 혜택)
최소자본금	500억 원	250억 원	회사 설립 용이
현물출자	일반 리츠는 설립시 불혀, 개발사업 인가 이후 가능 CR 리츠는 설립시 자본금의 30%까지 가능	자본금의 50% 범위 이내 허용	자본금 마련 부담 감소 상품 구성 관리
개발사업	자기자본의 30% 범위 이내에서 건설교통부 인가	총자산의 30% 범위 이내에서 허용 건설임대주택사업·도시개발사업은 100%까지 허용, 주주총회 결의사항으로 완화	개발사업에의 투자 활성화
차입	원천적으로 불가	자기자본의 2배 범위 이내에서 자금 차입 및 사채발행 허용	신속한 재산매입 가능 자본조달 용이
이익배당	이익잉여금·감가상각비 배당불가. 청산 때 정산	이익잉여금 적립 규정 배제, 감가상각 범위 이내에서 이익 초과 배당 가능	배당률이 높아 투자자모집이 용이
법인세	CR 리츠는 법인세 감면, 일반 리츠는 정상 과세	위탁관리부동산투자회사, CR 리츠의 경우 법인세 감면	일반 리츠의 수익성이 높아져 회사 설립이 활성화됨
내부통제기준		임직원이 따라야 할 내부통제기준 제정 시행 등	투자자 보호기능 강화로 안전성 증대

[자료 출처 : 건설교통부]

투자자 보호장치는 강화된다. 건설교통부뿐 아니라 금융감독위원회도 부동산투자회사 경영 전반에 대한 감독을 맡게 되고, 내부통제기준을 제정해 리츠 및 AMC회사 임직원들이 지키도록 했다.

일반 리츠, '빛' 볼 수 있을까?

부동산투자회사법 개정과 함께 가장 발 빠르게 움직이고 있는 곳은 그 동안 CR 리츠 설립을 주도해온 기존의 자산관리회사(AMC)들이다. 이들은 기업의 구조조정용 물건으로 한정된 CR 리츠 대신 투자대상이 다양한 위탁관리형 일반 리츠 쪽으로 방향을 틀 조짐이다.

일반 리츠의 설립이 늘면서 CR 리츠와 자연스런 '세대교체'가 이뤄질 것이며 좋은 물건을 선점하기 위한 업체별 물밑 경쟁도 더욱 치열해질 전망이다.

완성품이 아닌 개발사업에 투자하는 리츠도 많아질 것 같다. 코람코는 30% 이상 공사가 진척된 오피스 빌딩이나 주택·상가 등에 먼저 투자하기 위해 대상물건을 찾을 것이며, 장기적으로는 임대아파트를 개발하는 리츠도 선보일 것이라고 한다.

하지만 일반 리츠의 시장 규모가 얼마나 커질 지는 미지수이다. 자산운용업법상의 부동산 펀드라는 막강한 경쟁자가 버티고 있기 때문이다. 부동산 펀드는 회사 설립이나 운영이 리츠보다 유리해 현재 기관투자가들이 선호하고 있다. 지난 2004년 6월 첫 상품 발매 후 3개월여 만에 9개 펀드가 운영될 정도로 돌풍을 일으키고 있다. 리츠의 경우 개발사업에 대한 리스크가 검증되지 않아 기관투자가들이 초기에는 투자를 꺼릴 수도 있다.

하지만 수익률 측면에서는 리츠가 다소 유리할 것으로 전문가들은 보고 있다.

현재 부동산 펀드의 수익률은 연 7~8% 선이지만, CR 리츠는 8~12% 이상이다.

리츠는 또 건설교통부와 금융감독위원회의 관리감독을 받아야 해 약관승인신고로 끝나는 부동산 펀드보다 더 안전할 것으로 본다. 투자자 입장에서는 주식(리츠)이냐, 수익증권(부동산 펀드)이냐 하는 투자대상에 대한 차이만 있을 뿐 어차피 부동산 간접투자라는 원칙은 똑같다.

양쪽의 수익률과 자산구성, 운용인력 등을 꼼꼼히 비교해 본 후 투자를 결정해야 한다.

또 2005년부터 사회간접자본시설에 투자하는 SOC펀드 등 상대적으로 안정적인 부동산 펀드들이 대거 등장할 것으로 보여 부동산 간접투자 시장이 더욱 뜨거워질 것으로 예상된다. 부동산 시장의 침체가 이어지는 상황에서 시세차익보다는 수익률 위주로 투자패턴을 바꾸려는 투자자들이 늘고 있으며, 규제가 완화되는 리츠 등 부동산 간접투자 시장이 인기를 끌 것으로 보인다.

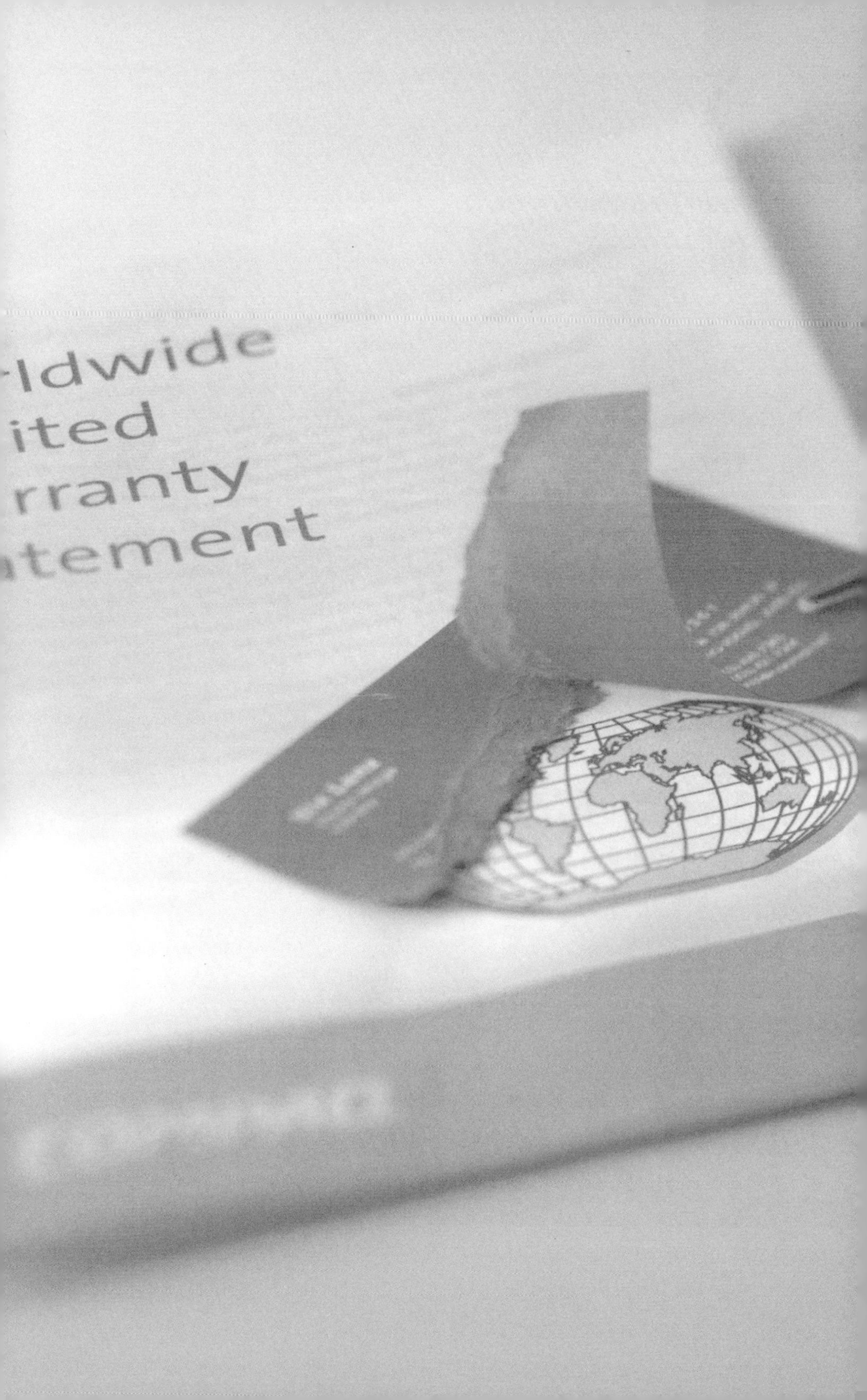
rldwide
ited
rranty
itement

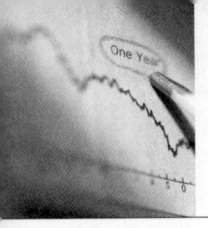

제6장 | 부동산 경매펀드의 허와 실

CHAPTER 06

부동산 경매펀드의 허와 실

01

경매보다 뜨거운 부동산 경매펀드는 어떤 것인가?

부동산 시장 회복에 대한 기대심리가 살아나면서 부동산 직접투자 외에도 '간접투자'에 대한 관심이 높아지고 있다.

2005년 1월 현대증권이 공모한 1,000억 원 규모의 부동산 경매펀드는 판매 개시 10분 만에 모두 마감될 만큼 투자자들의 폭발적인 인기를 끌었다. 물론 대다수 부동산 투자자들은 아직까지 직접투자를 선호하고 있지만 우리 나라도 올해부터는 선진국처럼 간접투자 비중이 늘어날 것으로 예상되는 가운데, 5~6월 중 부동산 경매펀드가 잇따라 쏟아질 전망이다. 현대증권이 가지고 있는 부동산 경매펀드 독점 판매기간이 4월 29일로 끝나기 때문이다.

부동산 경매펀드는 어떤 상품인가?

경매란 여러 이해관계에 있는 일반 부동산 매물을 법원에서 중개하여 팔아주는 것으로, 채권·채무 관계를 국가의 힘을 빌려 정산해주는 것이다. 경매를 통해 부동산을 구입하는 주된 이유는 시세 대비 저렴한 가격 때문이다. 대개 아파트의 경우 20%, 연립이나 단독주택의 경우는 30% 정도 싼 가격에 구입할 수 있다.

하지만 법원 경매 절차와 명도 및 복잡한 권리관계에 대한 두려움 때문에 일반 개인들이 경매에 참여하기란 쉬운 일이 아니다. 또 물건에 대한 정확한 정보 부재, 자료 분석능력 부족, 시간 부족 등이 경매에 직접 참여를 망설이게 하는 요인이다.

이러한 경매의 가격이라는 장점을 살리고 직접투자의 불편함과 어려움에 대한 단점을 없앤 것이 바로 부동산 경매펀드이다.

부동산 경매펀드는 일반 투자자들의 자금을 모아 펀드를 구성하여 경매·공매 등 시가대비 저평가된 자산에 투자를 하여 그 수익을 투자자들에게 배분해 주는 상품이다. 기존의 부동산 펀드와는 확연히 다른 상품으로 부동산 펀드가 주로 아파트 등 단일한 투자대상을 미리 정해 놓고 프로젝트 파이낸싱 방법으로 대출을 해준 뒤 이자와 수익을 받아 투자자에게 돌려주는 형태라면 부동산 경매펀드는 경매·공매 입찰에 참여하여 부동산을 취득한 후 임대 수익 및 매각 차익을 투자자에게 배당하는 형태인 것이다.

부동산 경매펀드는 부동산 실물자산에 70%까지, 채권 등에 30% 이상을 투자할 수 있게 되어 있으며 투자기간은 4년 정도로 다소 긴 편이다.

부동산 경매펀드의 수익성 및 세제혜택은?

부동산 경매펀드의 목표수익률은 연 9~10%로 잡고 있으며 규모가 큰 업무용 부동산, 대형상가 등에 투자를 하게 된다. 목표수익률은 말 그대로 펀드를 통해 올리고자 하는 해당 펀드의 목표일뿐이긴 하지만, 부동산 간접투자상품의 특성이 투자자들의 자금을 부동산에 투자해 얻은 이익을 거의 대부분 돌려주기 때문에 통상 연평균 7~10%에 달한다고 볼 때 비슷한 수익성을 올릴 것이라 예상할 수 있다.

일반적으로 부동산을 매각할 때 8,000만 원 이상의 차익이 발생하면 40~60%의 양도소득세를 내야 하지만 부동산 경매펀드는 양도세 자체가 면제된다. 따라서 펀드 투자자들은 배당소득세 등의 세금 15.4%만 부담하면 된다.

어떤 상품이 출시될 예정인가?

　대한투자신탁운용은 경매물건을 포함해 투자자산을 다양화한 부동산 펀드를 빠르면 5월에 내놓을 계획이다. 대한투자신탁운용은 프로젝트 파이낸싱과 부동산 리츠에 주로 투자해 안정성을 확보하고 일부는 부동산 개발사업 시행사의 지분에 투자해 추가 수익을 노리는 부동산 펀드를 준비중이라고 설명했다. 또한, 법원 경매에만 의존하면 수익을 내기가 어려울 수 있어 자산과 투자방법을 다양화하기로 했다고 말했다.

　대우증권도 기존의 부동산 경매펀드가 막대한 자금을 모은 데 비해 법원의 경매물건 물색에 어려움을 겪고 있다는 점을 감안하여 새로운 형태의 부동산 경매펀드 상품을 준비중에 있다. 즉 일단 투자자들과 계약을 해놓고 적당한 물건이 나오면 자금을 모으는 방식을 고려하고 있다고 말했다.

　현대증권의 경우는 지난 1월에 출시한 현대부동산경매펀드 1호에 이어 2~3호를 선보일 예정이었으나 1호 상품이 활성화되고 난 후 후속펀드를 출시할 예정이다.

부동산 경매펀드도 위험요인이 있다?

　부동산 경매펀드의 성공여부는 포트폴리오를 어떻게 구성하느냐에 달려 있다. 실제 실물펀드 등에 투자하는 일반 개인투자자들의 경우 이 펀드가 구체적으로 어떤 대상에 어떻게 투자하여 수익률을 내는지 정확히 알지 못한 채 목표수익률이 높다는 것만 믿고 투자하는 경우가 많다.

부동산 경매펀드의 가장 큰 변수는 물건의 확보이다. 수십 명의 경쟁자를 물리쳐야 하는 법원 경매의 속성상 포트폴리오(운용자산 배분)를 짜는 것이 만만치 않다. 따라서 부동산 경매펀드의 경우 10억 원 미만의 작은 건물을 많이 낙찰하면 관리가 어렵기 때문에 낙찰가 100억~200억 원대의 5~6개 정도의 우량 물건을 확보해야 목표수익률을 달성할 수 있을 것이다.

또한 다른 업체에서도 부동산 경매펀드를 계속 선보일 경우 펀드 간 입찰경쟁으로 우량 물건을 확보하는 일이 더욱 어려워질 수 있다는 것도 감안해야 한다.

하지만 고령화 및 저금리 시대에 본격 진입하고 있는 이때, 시대의 흐름을 역행한 채 소극적인 투자자세만 고집할 수는 없다. 이제 모든 투자가 간접투자상품으로 통하는 시대로 접어든 만큼 리스크 있는 투자를 무조건 피하기만 할 것이 아니라 자신만의 투자원칙과 전략에 따른 적절한 포트폴리오로 분산 투자해 리스크는 줄이고, 수익성은 높여 나가야 한다.

현대부동산경매펀드 1호 공모, 성황리에 마치다

국내에서 처음으로 출시된 현대증권의 '현대부동산경매펀드 1호' 상품의 공모가 청약 첫날 성황리에 마감되었다.

2005년 1월 24일 현대증권의 발표에 따르면 이날 선착순 배정을 시작한 현대부동산경매펀드는 판매 개시 후 10여 분 만에 1,000억 원의 공모 한도가 모두 소진되었다. 또 당초 2005년 1월 26일까지 공모를 실시할 예정이었던 현대증권은 공모금액을 500억 원 늘렸으나 이마저도 순식간에 동이나 이날 하루 동안 총 1,500억 원 규모의 공모가 이뤄졌다.

공모 주체를 살펴보면 법인이 350~360억 원 가량 공모에 응한 것으로 파악되고 있으며, 나머지 물량은 개인에게 돌아갔다. 현대증권은 단일 법인 중에는 최고 100억 원, 개인 중에는 최고 10억 원의 공모 참여자가 있었던 것으로 파악하고 있다.

구 분	부동산 경매펀드	부동산 펀드
유 형	회사형 투자신탁	계약형 투자신탁
운용특징	경매·공매 등 시가 대비 저평가된 자산에 광범위하게 투자할 수 있음	자금 대출, 실물 부동산 물건 취득 등 프로젝트 파이낸싱에 국한함
투자대상	부동산 실물 자산(70% 이내) 채권 및 유동성 자산(30% 이상)	부동산 개발사업 대출(95% 이상) 부동산 실물 자산(5% 이내)
수익성	부동산의 시세차익 및 임대수익 (무제한)	고정 대출금리(제한적)
안정성	담보신탁 가능 부동산 가격변동(Market Risk)에 노출	시공사의 지급보증 및 담보신탁 가능 미분양 및 시공사가 부도 위험에 노출됨
부동산 관리	자산관리회사(AMC)에 위탁관리	없음

현대부동산경매펀드 1호는 금융 상품으로는 최장기인 4개월간의 배타적 우선판매권을 획득한 상품으로 자금대출 및 지정된 부동산을 취득하려는 목적의 프로젝트 파이낸싱(PF) 방식이 아닌 법원의 경매나 공매 참여에 의해 부동산 실물에 투자하는 펀드이다.

이 펀드의 만기는 4년으로 중도환매가 불가능하지만, 수익성 및 안정성과 상장(모집 후 3개월 이내 상장·등록계획)을 통한 유동성 확보가 장점으로 지적되었다.

운용은 와이즈에셋자산운용이 담당하며, 상가나 오피스 등 경매 물건에 투자하고 예상수익률은 9~11%로 잡고 있다.

현대증권 관계자는 "수익성, 안정성과 유동성을 모두 확보했다는 장점 때문에 출시 전부터 많은 투자자들의 문의가 쏟아졌다."며 "금융 상품 시장에 새로운 인기 상품이 될 것으로 기대해 2, 3호 모집을 준비하고 있다."고 말했다.

현대경매부동산펀드 1호 투자회사의 주권이 2005년 4월 21일 증권선물거래소 시장에 상장되었다.

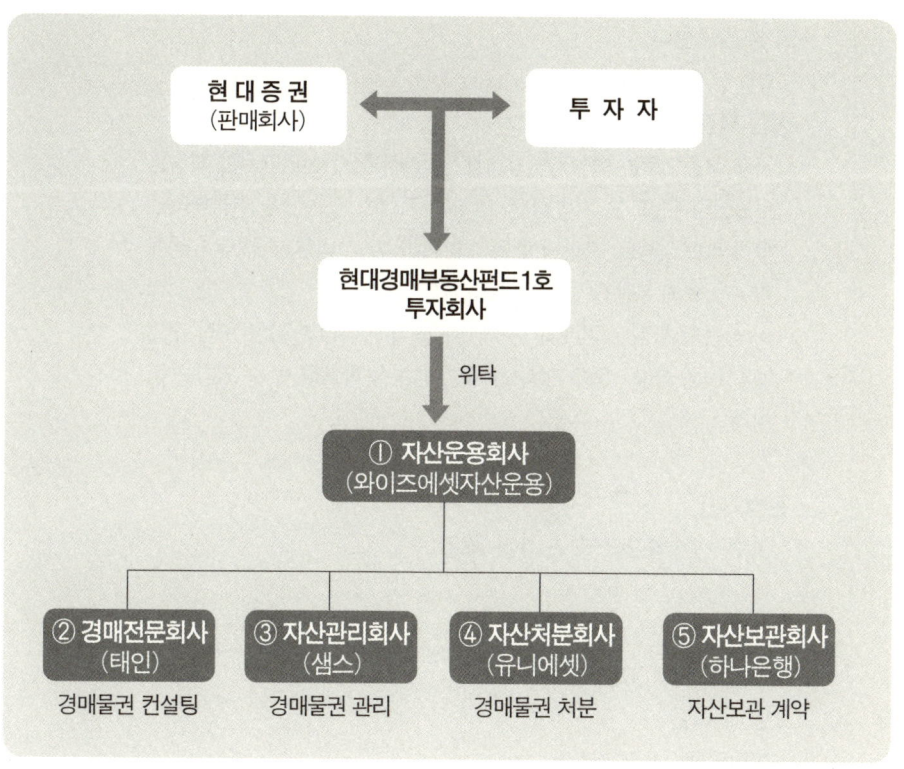

〔자료 출처 : 현대증권 홈페이지 http://www.youfirst.co.kr〕

현대부동산경매펀드 1호

현대증권은 국내 최초의 부동산경매펀드인 '현대부동산경매펀드 1호'를 공모한다.

상품 특징
- 금융 상품으로는 최장기인 4개월간의 배타적 우선판매권을 획득한 부동산경매펀드는 기존의 자금대출, 지정된 부동산을 취득하려는 목적의 프로젝트 파이낸싱(PF) 방식이 아닌 법원의 경매나 공매 참여에 의해 부동산 실물에 투자하는 펀드이다.
- 이 상품의 특징은 경매의 수익성, 펀드의 안정성과 상장(모집 후 3개월 이내 상장·등록 계획)을 통한 유동성 확보를 할 수 있다는 점이다.

판매기간
- 2005년 1월 24(월) ~ 1월 26일(수)

세부사항
- 가입금액 : 100만 원 이상
- 만기 : 4년
- 모집금액 : 1,000억 원
- 중도환매 : 불가능함
- 상장여부 : 모집일을 기준으로 약 3개월 이내에 상장(유동성 확보)
- 판매회사 : 현대증권 본점 및 지점을 통해 선착순으로 판매할 예정

장밋빛 계획, 지켜질까?

현대부동산경매펀드 1호는 국내 최초로 경매 시장을 통해 부동산을 구입해 운용수익과 시세차익을 투자자에게 되돌려주는 구조를 가진 상품이다. 만기가 4년으로서 중도환매가 불가능하지만 모집일을 기준으로 3개월 안에 상장시켜 급한 경우는 주식 거래를 통해 돈을 회수할 수 있다.

경매나 공매에서는 시장의 상황에 따라 달라지기는 하지만 낙찰가가 일반적으로는 시가 대비 60~70%로 낮은 수준에서 결정되므로 시가보다 충분히 싸게 구입할 수 있는 이점이 있다.

그러나 덩치가 큰 우량 물건을 확보하고, 이를 시장에서 매각해 차익을 실현하는 등의 과정에는 적잖은 변수들이 도사리고 있다. 우선 모집금액의 70%인 700억 원까지 부동산에 투자할 수 있기 때문에 포트폴리오를 어떻게 구성하느냐가 수익률의 관건이다.

우량 물건을 선별해 수십 명의 경쟁자를 제치고 물건을 낙찰해야 하는 경매의 특성상 경매펀드는 막상 출범 후에는 포트폴리오 구성이 만만치 않다. 경매 전문가들은 투자 리스크와 관리의 어려움 때문에 경매펀드가 오피스 빌딩과 상가건물로 투자종목을 제한할 수밖에 없다고 본다. 또한 경매의 특징인 공급의 불규칙성과 경쟁입찰로 인해 펀드의 물건 확보가 쉽게 될지 의문이며, 위험성이 큰 토지나 금액이 작은 아파트에는 투자하기 어렵기 때문에 포트폴리오를 짜는데 어려움이 있을 수도 있다고 지적한다.

낙찰가가 대략 100억 원 이상 되어야 하는 것도 물건확보를 힘들게 할 전망이다. 경매펀드의 속성상 모집금액을 10개 이상 물건에 분산투자하면 관리가 어렵고, 1건의 물건에 전부 투입하면 위험이 커지기 때문이다.

2004년 경매물건 중 10억 원 이상인 물건은 전체의 2~3%에 불과하다. 전체 경매물건의 77% 이상이 감정가 1억 원 미만인 소형 물건이다. 뿐만 아니라 감정가 10억 원 이상인 물건 중에서도 권리관계나 임대차관계의 문제가 없어 기간 이내에 원하는 수익을 달성할 수 있는 물건은 20% 정도에 불과하다.

따라서 낙찰가 100억~200억 원대인 5건 안팎의 물건을 확보하는 것이 가장 이상적이다. 그러나 경매 시장의 현실은 다르다. 2005년 들어 경매물건이 쏟아지고 있지만 최저 입찰가가 100억~200억 원대인 우량 오피스 빌딩은 많지 않다.

강남권만해도 15~20층 규모의 오피스 빌딩은 평균 낙찰가가 300억 원을 넘기 때문에 2건만 낙찰해도 펀드금액이 바닥난다. 수십억 원짜리 물건을 수십 건씩 낙찰하는 것도 관리나 매각에 있어 효율적이지 못한 경우가 있다. 상가건물의 경우도 100억 원대 이상 물건이 흔치 않고 세입자가 많아 소유권이전까지 6~7개월이 걸릴 수 있다는 것이 단점으로 꼽힌다.

2005년 1월 국내 최초로 출시된 '부동산 경매펀드 1호'의 경우, 1,500억 원을 모았지만 4월 말 현재 250억 원 규모의 미분양 아파트만을 편입했다.

현대증권은 4월 4일 전라남도 순천에 소재한 일반분양 아파트 총 450여 세대 중 미분양 된 아파트 338세대를 법원 공매를 통해 250억 원에 낙찰 받았다. 이는 일반분양가의 60% 수준으로 현대증권은 매입한 338세대를 일반인들에게 임대를 준 후 임대수입 등으로 목표수익률 10%를 맞출 예정이다.

그러나 부동산 경매펀드는 경매물건이 펀드에 편입되면 3년 동안 매각이 제한된다.

이렇게 볼 때 설정 후 6개월 이내에 경매물건 편입을 마치겠다는 당초의 계획에 비해 실제 확보한 물량은 거의 없다는 것이 주변의 반응이다.

앞으로 제2, 제3의 경매펀드가 속출할 경우 펀드간 입찰경쟁까지 벌어지면서 우량 물건의 확보는 더욱 어려워질 전망이다.

경매펀드가 안정적인 상품 구성과 원활한 명도, 수익성 창출을 통해 목표수익률을 달성하여 부동산 시장의 활성화에 도움이 될 수 있을 지 업계는 주목하고 있다.

부동산 경매펀드의 문제점은 없는가?

현대증권에서 일반투자자들을 상대로 1,500억 원의 경매펀드를 불과 몇 십분 만에 마감을 해서 세인들의 관심을 모았다. 국내 최초의 부동산경매 1호 펀드이고, 불황기에 경매라는 테마를 가지고 나온 상품이라 큰 수익을 낼 수 있을 것이라고 믿는 투자자들이 대거 몰려 일어난 현상이라고 본다.

그런데 이 펀드로 돈을 버는 사람은 따로 있다. 바로 펀드운용회사이다. 이 상품은 4년 동안 중도환매가 되지 않는 상품이기 때문에 펀드운용회사는 운용실적과 관계없이 신탁보수 연 3.12%에 해당하는 4년 동안의 수수료 187억 원을 벌 수 있다.

시세보다 낮은 가격으로 우량부동산을 취득한 후 전문가들이 운용하여 수익을 배당하고 마지막에는 많은 차익을 남기고 팔아서 투자이익을 배당한다고 했으나 투자자에게 배당되는 것은 마지막 단계에 있다.

이 상품을 개발한 Y자산운용사와 판매사인 H증권이 이미 신탁보수로 운용실적과는 전혀 관계없이 187억 원이라는 돈을 벌었다. 그리고 여기에 컨소시엄을 구성한 T경매컨설팅사, S자산관리회사, Y부동산처분회사, H자산보관회사 등의 회사들도 부동산을 낙찰 받고, 관리하고, 처분하면서 각각 수수료를 받아 가면 과연 투자자들에게 얼마나 배당이 될 것인가?

펀드는 수익과 손실 두 가지 모두를 투자자가 책임지는 상품이기 때문에 실적이 나지 않는다 하더라도 운용자는 배상하지 않는다. 그런데 2004년 한 해 동안의 펀드의 수익률을 보면 3~4%선으로 은행의 정기예금 금리에도 미치지 못하고 있는 것을 보면 안심할 수만은 없어 보인다.

수수료 부담도 크다. 일반인들이 경매를 통해 물건을 취득할 때 내는 수수료(취득세, 등록세, 컨설팅수수료, 법무비용, 명도비용)는 낙찰금액의 7.5% 정도가 소요된다. 그러나 부동산 경매펀드의 경우 여기에 신탁보수 수수료 3.12%를 더하면 총 10.6%의 비용이 발생한다. 또 낙찰 후 명도, 리모델링, 재임대 등에 1년 정도 기간이 소요되어 상당기간 허송세월을 보낼 수도 있다.

부동산 펀드는 기관투자가와 개인에게서 돈을 모아 부동산에 투자한 뒤 이익을 돌려주는 상품이다. 부동산 펀드는 운용기간이 보통 2~4년이고 중간에 투자원금을 돌려주지 않는다.

지난 2004년 6월 첫선을 보인 뒤 그 동안 40여 개 1조 4,000억 원어치가 팔렸다. 연 7% 이상의 수익을 내세워 인기몰이를 했다. 다만 초창기여서 개발사업이나 실물 부동산에 직접 투자하기보다 프로젝트 파이낸싱 형태의 펀드가 대부분이다.

현대증권과 와이즈에셋자산운용이 판 부동산 경매펀드는 이보다 높은 연 9~11%의 배당수익을 내걸었다. 이 상품은 법원 경매와 공매에 나온 오피스 빌딩 등을 사서 이익을 내는 '실물 펀드'로서 공모에 참여한 2800여 명 가운데 개인이 차지하는 비율이 80%가 넘는다.

전문가들은 부동산 펀드를 만만하게 보는 투자자들이 많다고 말한다. 다시 말해서 펀드가 어떻게 수익을 내는지 모르고 투자하는 경우도 많다는 것이다.

신상품에 대한 소비자의 관심에 편승해 급조한 펀드는 환매 시점에 허점이 드러날 수 있다.

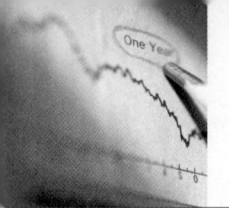

제7장 | 선박펀드, 2005년에도 인기짱!

CHAPTER 07

선박펀드, 2005년에도 인기짱!

선박펀드란 과연 어떤 것인가?

2003년 중반에 '간접투자자산운용업법'이 제정되면서, 펀드 운용방식에 많은 변화가 일어났다. 그 중에 가장 대표적인 것이 펀드의 투자대상이 확대되었다는 점이다.

간접투자상품이란 수익증권이나 뮤추얼펀드와 같이 투자자가 자신의 돈을 투신운용사와 같은 금융기관에 맡기고 이를 펀드매니저들이 운용을 해서 수익을 얻는 것을 말한다. 투자자가 직접 주식이나 채권에 투자하는 것이 아니라 투신운용사 등을 통해서 투자를 한다고 해서 간접투자상품이라고 한다.

그런데 2003년에 '간접투자자산운용업법'이 만들어지기 전까지는 펀드에서 운용할 수 있는 투자대상이 주식이나 채권 등과 같은 유가증권으로만 제한되어 있었다.

하지만 이 법이 만들어지면서 유가증권뿐만 아니라 장 내외의 파생 상품은 물론 부동산, 골동품 등 실물 자산에도 투자할 수 있게 되었다. 투자대상이 확대되었다는 것은 보다 수익성이 있고 안전성 있는 다양한 펀드 상품을 만들 수 있다는 이야기가 된다. 따라서 다수 침체되어 있는 투자신탁시장이 재도약할 수 있는 계기가 마련되었다고 볼 수 있다.

특히 투자자 입장에서는 실물 자산에 투자를 해서 수익을 낼 수 있도록 만들어진 펀드 상품에 대한 기대가 컸다. 이를 일반적으로 '실물 자산연계증권(CLS 펀드 상품)'이라고 부른다. 그 대표적인 상품이 바로 2004년에 상당한 인기를 끈 '선박펀드'이다.

최초의 선박펀드 '동북아 1호 선박펀드'의 주요 내용은 무엇인가?

선박펀드란 2003년 5월에 제정된 '선박투자회사법'에 의해 만들어진 상품이다. 일단 개인의 투자자금이나 금융기관의 차입금으로 펀드를 결성한다. 그리고 이 펀드에 모인 돈으로 선박을 만든다. 그런 다음 이것을 해운업체에 빌려 주는 것이다. 그리고 해운업체가 이 선박을 이용해서 돈을 벌게 되면 그 수익을 투자자에게 나누어주는 상품이다.

선박펀드는 10년 만기 동안 5.8~6.5%의 상대적으로 높은 고정수익률을 제시하고 있다. 또한 배당소득에 대한 비과세 혜택까지 받을 수 있다. 그리고 펀드 자체가 거래소에 상장되는데, 이로 인해 주가상승에 따른 시세차익도 노릴 수가 있다. 참고로 우리 나라에서 처음 선보인 선박펀드는 대우증권이 주간사로 해서 2004년 3월에 선보인 '대우증권 선박펀드 1호' 이다.

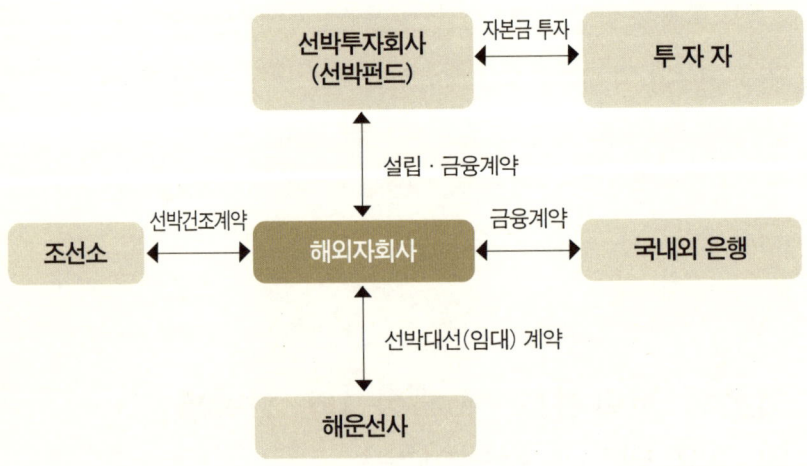

이 상품은 총 6,700만 달러(당시 790억 원 상당)의 펀드 규모로 개인투자자 및 기관투자가를 상대로 일반 공모하였다. 대우증권은 2004년 3월 25일 아시아에서 처음으로 선보인 선박펀드인 '동북아 1호 선박펀드' 공모에 1,300억 원의 자금이 몰렸다고 밝혔다. 이틀 동안 실시된 이번 공모에서 청약 경쟁률은 8.10 대 1을 기록했다. 이 상품의 공모금액은 160억 6,000만 원이고 주당 발행가는 5,000원으로 1인당 최소청약단위는 100주였다. 그리고 최고 3억 원까지 배당소득세 면세혜택이 주어졌다.

이 돈으로 한국선박운용(주)에서 현대중공업에 대형유조선 1척을 발주하고 이를 현대상선에 임대하여 운용을 한다. 7년 만기에 고정금리로 연 6.5% 확정배당형이며, 주식 형태로 일반 공모하는 방식이었다.

대우증권은 유사한 간접투자상품인 리츠의 평균 청약 경쟁률이 2 대 1 내지 3 대 1인 것과 비교하면 상대적으로 투자자들의 높은 관심이 반영되었다고 분석했다.

또 3개월 단위로 연 6.5%를 현금배당하고 개인투자자에게는 2008년 말까지 3억 원까지 비과세하고 초과금액은 분리과세를 적용하는 등 수익성과 안정성을 겸비한 절세 상품이란 것이 장점이라고 설명했다.

선박펀드는 투자기간이 주로 10년에 달하는 장기 상품이라는 단점도 있으나, 거래소 상장을 통해 이를 보완했다. 즉 일정한 절차를 거쳐 거래소에 상장시킨 후 보유분을 매매할 수 있기 때문에 환금성 문제를 걱정할 필요가 없는 것이다.

상장된 선박펀드들의 주가상승률이 높게 나타난 것도 관심을 모은다. 거래소에 따르면 현재 상장된 선박펀드들은 대체로 액면가 대비 주가상승률이 7%를 넘어선다. 전문가들은 선박펀드 공모 때 치열한 경쟁 탓에 원하는 만큼의 물량을 확보하지 못한 투자자들이 거래소를 활발하게 이용하기 때문에 주가가 오르는 것으로 분석하고 있다.

'동북아 1호 선박펀드'는 고객들에게서 자금을 모집해 선박에 투자한 뒤 이 선박을 용선해 발생하는 수입으로 주주의 권리를 가진 투자자들에게 배당을 실시하는 형태의 상품으로 선박투자회사의 성격을 띠고 있다.

선박펀드, 2005년도 전망은 어떤가?

2004년 말인 12월 3일 삼성증권과 LG투자증권이 모집(96억 원)을 마감한 '아시아퍼시픽 2호 선박펀드'에는 4,211억 원이 몰려 청약경쟁률이 무려 43.9 대 1을 나타냈다.

이전까지 나온 7개 선박펀드에 모두 1조 2,000억 원(모집금액 1,300억 원)이 몰려 평균 10 대 1의 경쟁률을 보인 것을 감안하면 선박펀드의 인기가 갈수록 높아지고 있는 것이다.

선박펀드에 이처럼 돈이 몰리는 것은 최근 해운경기가 호조인 데다 연 5~6%의 확정이자를 지급해 안정성이나 수익성이 상대적으로 좋기 때문이다. 12월 6일 증권거래소의 발표에 따르면 지금까지 상장된 4개 선박펀드의 액면가 대비 주가상승률은 7.0~8.6%에 이른다.

시장에 나오는 매물도 적지만 주식을 사려면 1년치 이자수익을 '프리미엄'으로 줘야 겨우 구입할 수 있다.

선박펀드는 3억 원까지 비과세 혜택이 있고, 금융소득 종합

과세 대상에 포함되지 않기 때문에 거액의 자산가들이 선호하는 것으로 분석된다. 평균 청약금액은 1억~2억 원이지만 200억 원을 넘게 투자하는 사람도 있기 때문이다.

2005년에도 저금리 기조가 계속될 것이며, 게다가 주식 시장도 불투명할 것으로 예상된다. 따라서 상대적으로 높은 고정수익을 제시하는 선박펀드의 인기는 한동안 지속될 것으로 보인다. 이에 힘입어 각 증권사에서는 2005년에도 새로운 선박펀드를 대거 공모할 예정이다.

먼저 국내 최초로 선박펀드를 만들어 시장에 선보였던 대우증권은 1월 20일과 21일 이틀 간 향후 10년 동안 연 6.15%의 수익률을 보장하는 '동북아 8호 선박투자회사' 펀드를 122억 원 규모로 공모했다.

또 현대증권은 1월 26과 27일 '아시아퍼시픽 제9호' 라는 이름으로 133억 원 규모의 선박펀드를 공모했다. 이 상품은 10년 만기에 연 6%의 고정수익률을 내세우고 있다. 전문가들은 선박펀드가 뿌리를 내림에 따라 증권사들이 경쟁적으로 신상품을 출시할 것으로 내다보고 있다.

이와 같이 1/4분기만 해도 5개의 선박펀드가 출시될 예정이다. 따라서 청약기간을 잘 숙지해서 투자를 고려해 보는 것도 좋을 듯싶다. 구체적인 상품에 대해서는 해당 증권사에 문의하거나 인터넷 재테크 정보 등을 참조하면 된다.

신종 실물펀드의 특징은 상품 설계 과정에서 투자위험과 수익이 일정 형태로 짜여져 있어 투자자 스스로 기대수익을 가늠해볼 수 있다. 또 주식펀드나 채권펀드보다 변동성이 적다는 점에서 안정적인 수익을 추구하는 투자자의 관심을 끌고 있다. 그러나 투자하는 대상에 따라서는 투자자가 이해하기 쉽지 않은 경우도 많다. 안정적인 수익을 기대할 수 있다는 판매직원의 말만 믿고 막연하게 투자했다가 자칫 후회하기 쉽다. 상품의 구조를 꼼꼼히 따져서 명확히 이해할 수 있는 상품에만 투자하는 것이 바람직하다.

부동산 펀드의 경우 부동산 개발사업에 자금을 빌려줘 이자를 받는 프로젝트 파이낸싱 형태의 상품이 대부분이다. 선박펀드의 경우도 선박을 사서 해운회사에 임대하고 용선료를 받는 형태의 상품이다. 결국 자금을 빌려간 부동산 시행사나 건설사, 해운회사의 신용이 중요하다. 물론 펀드를 운용하는 운용회사의 경험이나 인력, 노하우 등도 반드시 따져볼 체크 포인트이다.

전문가들은 영화 등 문화행사에 투자하는 엔터테인먼트펀드와 원유나 금의 가격에 따라 수익률이 달라지는 금/원유가격 연계펀드 등의 실패는 이미 예견된 일이라고 지적했다.

사실 운용회사의 상품개발 담당자조차 원유가격이 어느 정도인지, 금(金)가격이 어떤 수준으로 움직이는지 이해하지 못하는 경우가 많다. 다만 증권사 장외파생상품(ELS) 브로커들의 말만 믿고 막연한 예상을 근거로 상품을 만들고 있는 실정이다. 상품을 명확히 이해할 수 있는 경우에 한해 분산투자 차원에서 고려하는 것이 바람직하다.

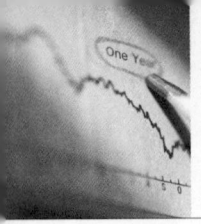

부록 | 리츠 관련 주요 회사 현황과
부동산투자회사법 개정내용

부 록

CHAPTER

리츠 관련 주요 회사 현황과 부동산투자회사법 개정내용

- 부동산자산관리회사(AMC) 현황
- 부동산투자자문회사 현황
- 자산운용전문인력 교육기관 현황
- 투자설명서(한화 마스터피스 부동산투자신탁 1호)
- 부동산투자회사법 개정내용

1. 부동산자산관리회사(AMC) 현황

◆ 인가회사 : 8개사

2005. 3. 1. 현재

일련번호	회사명	대표자	인가일	자산운용 전문인력	연락처 주소	연락처 전화번호	비고
1	(주)한국토지신탁	조창수	'01. 9. 28.	11명	서울시 강남구 삼성동 144-25	(02)3451-1197	겸업
2	(주)코람코	김대영	'01. 11. 17.	5명	서울시 영등포구 여의도동 23-5	(02)787-0000	신규
3	(주)리얼티어드바이저스코리아	케빈 정	'02. 1. 9.	5명	서울시 영등포구 여의도동 23-3	(02)3775-4415	신규
4	(주)생보부동산신탁	안상식	'02. 3. 8.	5명	서울시 강남구 삼성동 157-27	(02)3404-3404	겸업
5	(주)코리츠	전원재 황인경	'02. 6. 27.	5명	서울시 강남구 논현동 71-2	(02)6734-0001	신규
6	케이비부동산신탁(주)	이우정	'02. 12. 5.	10명	서울시 서초구 서초동 1688-3	(02)2190-9851	겸업
7	(주)맥쿼리 프로퍼티어드바이저스 코리아	한진수	'03. 6. 30.	5명	서울시 중구 소공동 110	(02)3705-8710	신규
8	한국자산신탁(주)	김진호	'04. 8. 9.	11명	서울 강남구 역삼동 737	(02)2112-6427	겸업

◆ 인가 취소회사 : 2개사

일련번호	회사명	인가일	취소일	비고(취소사유)
1	(주)제이더블류 에셋	'01.11.17.	'04. 2. 24.	업종전환으로 인가 반납
2	디비프로퍼티어드바이저스코리아(주)	'03. 8. 14.	'04. 12. 31.	인가 반납

1) (주)한국토지신탁

회사개요

- 상호 : 주식회사 한국토지신탁
- 주소 : 서울시 강남구 삼성동 144-25
- 전화 : (02)3451-1250, 팩스 : (02)3451-1021
- 대표자 : 조창수
- 설립일 : 1996년 4월 4일
- 자본금 : 180,000백만 원
- 주요 주주 : 한국토지공사(55.56%) 외
- 임원 : 대표이사 조창수 외 6명
- 종업원수 : 154명(자산운용전문인력 11명)
- 주요 업무 : 신탁업무(토지·관리·처분·담보), 부동산컨설팅, 중개 등
- 본·지사 : 1본사, 4지점(부산, 광주, 중부, 대구)

자산관리업무 수탁

부동산투자회사	인가일	자본금(억 원)	주요 투자자산
케이원(CR 리츠)	'02. 10. 7.	1,475	디오센터, 신송센터, 동진 빌딩, 케이원 빌딩, 대흥 빌딩, 시그마타워

2) 주식회사 코람코

회사개요

- 상호 : 주식회사 코람코
- 주소 : 서울시 영등포구 여의도동 23-5 한화증권 빌딩 8층

- 전화 : (02)787-0000, 팩스 : (02)787-6622
- 대 표 자 : 김대영
- 설 립 일 : 2001년 10월 24일
- 자 본 금 : 8,550백만 원
- 주요 주주 : 우리은행(12.20%) 외
- 임원 : 대표이사 김대영 외 7명
- 종업원수 : 20명(자산운용전문인력 5명)
- 주요 업무 : 부동산투자회사법상의 자산관리회사의 주요 업무
- 본·지사 : 1본사

자산관리업무 수탁

부동산투자회사	인가일	자본금(억 원)	주요 투자자산
코크렙 제1호(CR 리츠)	'02. 5. 23.	1,330	한화 빌딩, 대아 빌딩, 대한 빌딩
코크렙 제2호(CR 리츠)	'02. 10. 30.	560	명동 빌딩
코크렙 제3호(CR 리츠)	'03. 8. 20.	680	한화증권 빌딩, 아이빌힐타운
코크렙 제4호(CR 리츠)	'04. 4. 8.	760	YTN타워, 한솔 M.COM 빌딩
코크렙 제5호(CR 리츠)	'04. 12. 15.	500	데이콤 빌딩

3) (주)리얼티어드바이저스 코리아

회사개요

- 상호 : 주식회사 리얼티어드바이저스 코리아
- 주소 : 서울시 영등포구 여의도동 23-3 하나증권 빌딩 10층
- 전화 : (02)3775-4415, 팩스 : (02)3775-4419
- 대 표 자 : 케빈 정
- 설 립 일 : 2001년 7월 30일

- 자 본 금 : 7,000백만 원
- 주요 주주 : 아메리칸 리얼티 인베스터스(71.4%) 외
- 임원 : 대표이사 케빈 정 외 6명
- 종업원수 : 11명(자산운용전문인력 5명)
- 주요 업무 : 부동산투자회사법상의 자산관리회사의 주요 업무
- 본 · 지사 : 1본사

자산관리업무 수탁

부동산투자회사	인가일	자본금(억 원)	주요투자자산
리얼티코리아 제1호(CR 리츠)	'03. 4. 29.	660	로즈데일 빌딩, 엠바이엔 빌딩, 세이백화점

4) (주)생보부동산신탁

회사개요

- 상호 : 주식회사 생보부동산신탁
- 주소 : 서울시 강남구 삼성동 157-27 경암빌딩 13층
- 전화 : (02)3404-3404, 팩스 : (02)3404-3424
- 대 표 자 : 안상식
- 설 립 일 : 1998년 12월 8일
- 자 본 금 : 100억 원
- 주요 주주 : 삼성생명(주)(50%), 교보생명(주)(50%)
- 임원 : 대표이사 안상식 외 2명
- 종업원수 : 86명(자산운용전문인력 5명)
- 주요 업무 : 부동산투자회사법상의 자산관리회사의 주요 업무
- 본 · 지사 : 1본사

5) (주)코리츠

회사개요

- 상 호 : 주식회사 코리츠
- 주 소 : 서울시 강남구 논현동 71-2 건설회관빌딩 13층
- 전 화 : (02)6734-0001, 팩스 : (02)6734-2002
- 대 표 자 : 전원재, 황인경
- 설 립 일 : 2000년 4월 19일
- 자 본 금 : 70억 50,000원
- 주요 주주 : 전원재(11.4%), 한국투자신탁증권, 대우증권, 김철각 (9.9%)
- 임 원 : 대표이사 전원재 외 8명
- 종업원수 : 12명(자산운용전문인력 5명)
- 주요 업무 : 부동산투자회사법상의 자산관리회사의 주요 업무
- 본·지사 : 1본사

자산관리업무 수탁

부동산투자회사	인가일	자본금(억 원)	주요 투자자산
교보메리츠 퍼스트(CR 리츠)	'02. 1. 9.	840	등촌동 KAL 연수원, 사직동 삼익아파트, 덕천동 KAL 사원아파트, 내동 KAL 사원아파트
유레스메리츠 제1호(CR 리츠)	'03. 8. 20.	500	세이브존 성남점, 세이브존 노원점, 세이브존 대전점, 한신스포츠센터, 장유 아쿠아웨이브

6) 케이비부동산신탁(주)

회사개요
- 상호 : 케이비부동산신탁 주식회사
- 주소 : 서울시 서초구 서초동 1688-3
- 전화 : (02)2190-9851, 팩스 : (02)2190-9805
- 대 표 자 : 이우정
- 설 립 일 : 1996년 12월 3일
- 자 본 금 : 800억 원
- 주요 주주 : 국민은행(99.99%)
- 임원 : 대표이사 이우정 외 2명
- 종업원수 : 94명(자산운용전문인력 10명)
- 주요 업무 : 부동산투자회사법상의 자산관리회사의 주요 업무
- 본·지사 : 1본사, 1지점(부산)

7) (주)맥쿼리 프로퍼티 어드바이저스 코리아

회사개요
- 상호 : 주식회사 맥쿼리 프로퍼티 어드바이저스 코리아
- 주소 : 서울시 중구 소공동 110 한화빌딩 4층
- 전화 : (02)3705-8710, 팩스 : (02)3705-8787
- 대 표 자 : 한진수
- 설 립 일 : 2002년 8월 29일
- 자 본 금 : 70억 원
- 주요 주주 : 맥쿼리은행(100%)
- 임원 : 대표이사 한진수 외 3명
- 종업원수 : 7명(자산운용전문인력 5명)

- 주요 업무 : 부동산투자회사법상의 자산관리회사의 주요 업무
- 본 · 지사 : 1본사

자산관리업무 수탁

부동산투자회사	인가일	자본금(억 원)	주요 투자자산
맥쿼리센트럴오피스(CR 리츠)	'03. 12. 23.	763	극동 빌딩

8) 한국자산신탁(주)

회사개요

- 상호 : 한국자산신탁 주식회사
- 주소 : 서울시 강남구 역삼동 737 스타타워 19층
- 전화 : (02)2112-6427, 팩스 : (02)2112-6388
- 대 표 자 : 김진호
- 설 립 일 : 2001년 3월 20일(前 국민자산신탁 : 2004. 3. 20. 상호변경)
- 자 본 금 : 178억 원
- 주요 주주 : 한국자산관리공사(77.41%), 동양종합금융증권(2.77%), 대한주택보증(2.49%) 등
- 임원 : 대표이사 김진호 외 5명
- 종업원수 : 73명(자산운용전문인력 11명)
- 주요 업무 : 신탁업무(토지 · 관리 · 처분 · 담보), 대리사무 및 부동산투자회사법상의 자산관리회사의 주요 업무 등
- 본 · 지사 : 1본사

참 조 | 부동산자산관리회사 인가취소

2005년 1월 5일 건설교통부

자산관리회사「DB Property Advisors Korea(주)」의 부동산투자회사법 제49조의3의 규정에 의한 자산관리회사 인가가 아래와 같이 취소되었음을 알려드립니다.

- 인가취소 일자 : 2004. 12. 31.

- 인가취소 사유 : DB Property Advisors Korea(주)의 내부 의사 결정에 따른 자산관리회사 인가 반납

- 기타 : 당초 2003. 8. 14. 자산관리회사 인가됨

  - 본건 인가취소 이후 DB Property Advisors Korea(주)는 부동산투자회사법에 의한 자산관리회사의 업무를 수행할 수 없음을 양지하시어, 이해 관계자께서는 이와 관련하여 착오 없으시기 바랍니다.

2. 부동산투자자문회사 현황

◆ 등록회사 : 17개사

2005. 3. 1. 현재

일련번호	등록번호	회 사 명	대표자	등록일	자산운용 전문인력	연락처 주소	전화번호
1	2001-1	(주)한국감정원	장동규	'01. 9. 11.	8명	서울시 강남구 삼성동 171-2	(02)2189-8000
2	2001-2	(주)글로벌감정평가법인	김태환	'01. 9. 11.	5명	서울시 서초구 서초동 1718-9 서현 빌딩 2층	(02)593-2000
3	2001-3	(주)SAMS	김무현	'01. 9. 11.	5명	서울시 영등포구 여의도동 36-1 삼성생명 16층	(02)3770-4791
4	2001-4	(주)디지털태인	이동중	'01. 10. 5.	5명	서울시 서초구 서초1동 1623-2 송원 빌딩 2층	(02)3487-9996
5	2001-5	(주)키라에셋	조선희	'01. 10. 15.	4명	서울시 강남구 논현동 71-2 건설회관 13층	(02)547-8400
6	2001-6	알투코리아 부동산투자자문(주)	이현, 서정렬	'01. 10. 25.	5명	서울시 강남구 삼성동 159-9 도심공항 1006호	(02)2016-5252
7	2001-7	(주)나라감정평가법인	황종하	'01. 12. 12.	5명	서울시 종로구 적선동 80 적선 현대 빌딩 808호	(02)737-8871
8	2002-9	프라임감정평가법인(주)	신종웅	'02. 1. 25.	3명	서울시 강남구 대치동 1008-4 새마을운동중앙회 5층	(02)556-8002
9	2002-10	코리아에셋인베스트먼트(주)	조명래, 유재은	'02. 2. 14.	3명	서울시 강남구 삼성동 58-23 영진 빌딩 10층	(02)6202-3000
10	2002-11	휴닉스개발투자	박문수	'02. 2. 23.	5명	서울시 강남구 대치동 946-1 글라스타워 30층	(02)527-9496
11	2002-12	신성부동산투자자문(주)	임명웅	'02. 3. 05.	5명	서울시 강남구 역삼동 703-5 서일프라자 7층	(02)564-5209
12	2002-13	(주)대일에셋감정평가법인	이경도	'02. 4. 17.	4명	서울시 서초구 서초동 1343 해창 빌딩 4층	(02)2105-6500
13	2002-14	(주)신영에셋	정춘보	'02. 5. 04.	4명	서울시 강남구 삼성동 159-1 아셈타워 3층	(02)6001-2727
14	2002-15	IBCS에셋플러스(주)	안완석	'02. 5. 13.	3명	서울시 영등포구 여의도동 맨하탄21 빌딩	(02)6333-7545
15	2002-16	(주)정일감정평가법인	백일현	'02. 7. 26.	4명	서울시 서초구 반포2동 1-8번지	(02)535-1811
16	2004-17	저스트알(주)	홍성진	'04. 4. 30.	3명	서울시 강남구 역삼동 784-13	(02)564-7576
17	2004-18	유니에셋(주)	이만호	'04. 11. 25.	4명	서울시 강남구 삼성동 150-30	(02)2124-4852

1) (주)한국감정원(제2001-1호)

- 상호 : 주식회사 한국감정원(Korea Appraisal Board)
- 주소 : 서울시 강남구 삼성동 171-2
- 전화 : (02)2189-8000, 팩스 : (02)564-2087
- 대 표 자 : 장동규
- 설 립 일 : 1969년 4월 25일
- 자 본 금 : 6,000백만 원
- 주요 주주 : 재정경제부(49.4%), 한국산업은행(30.6%)
- 임원 : 대표이사 장동규 외 10명(상근 4명, 비상근 6명)
- 종업원수 : 850명
- 주요 업무 : 감정평가, 부동산컨설팅, 부동산자산 투자·운용 외
- 본·지사 : 1본사, 1연구소, 37지점

2) (주)글로벌감정평가법인(제2001-2호)

- 상호 : 주식회사 글로벌감정평가법인
- 주소 : 서울시 서초구 서초동 1718-9 서현빌딩 2층
- 전화 : (02)593-2000, 팩스 : (02)586-6151
- 대 표 자 : 김태환
- 설 립 일 : 2000년 6월 15일
- 자 본 금 : 1,015백만 원
- 주요 주주 : 김태환(7.7%), 김기완(3.3%), 김병창(3.3%), 배영환 (3.3%)
- 임원 : 대표이사 김태환 외 3명
- 종업원수 : 41명

- 주요 업무 : 감정평가, 부동산컨설팅, 부동산 관리 · 중개 · 임대 외
- 본 · 지사 : 1본사, 11지사

3) (주)SAMS(제2001-3호)

- 상호 : 주식회사 SAMS(SAMS Co., Ltd.)
- 주소 : 서울시 영등포구 여의도동 36-1 삼성생명 빌딩16층
- 전화 : (02)3770-4791, 팩스 : (02)3770-4724
- 대표자 : 김무현
- 설립일 : 2000년 1월 18일
- 자본금 : 1,500백만 원
- 주요 주주 : 유태홍(19.0%), 김무현(17.3%)
- 임원 : 대표이사 김무현 외 4명
- 종업원수 : 290명
- 주요 업무 : 빌딩 관련 용역, 부동산업, 부동산 상담 및 용역제공 외
- 본 · 지점 : 1본사, 3지점, 2연구소, 1휴먼센터

4) (주)디지털태인(제2001-4호)

- 상호 : 주식회사 디지털태인
- 주소 : 서울시 서초구 서초1동 1623-2 송원 빌딩 2층
- 전화 : (02)3487-9996, 팩스 : (02)3487-9995
- 대표자 : 이동중
- 설립일 : 1988년 3월
- 자본금 : 2,664백만 원
- 주요 주주 : 이동중(40.03%)

- 임원 : 대표이사 이동중 외 3명
- 종업원수 : 37명
- 주요 업무 : 부동산투자자문, 부동산네트워크, 정보통신기술개발 외

5) (주)키라에셋(제2001-5호)

- 상호 : 주식회사 키라에셋(KIRA Asset Ltd.)
- 주소 : 서울시 강남구 논현동 71-2 건설회관 13층
- 전화 : (02)547-8400, 팩스 : (02)547-8480
- 대표자 : 조선희
- 설립일 : 2001년 6월 26일
- 자본금 : 2,880백만 원
- 주요 주주 : 키라연구소(36.5%), 조선희(10.9%)
- 임원 : 대표이사 조선희 외 3명
- 종업원수 : 8명
- 주요 업무 : 부동산자문업, 부동산 관련 증권자문업 외

6) 알투코리아 부동산투자자문(주)(제2001-6호)

- 상호 : 알투코리아(R2Korea) 부동산투자자문 주식회사
- 주소 : 서울시 강남구 삼성동 159-9 도심공항타워 1006호
- 전화 : (02)2016-5252, 팩스 : (02)2016-5253
- 대표자 : 이현, 서정렬
- 설립일 : 2000년 11월 30일
- 자본금 : 1,000백만 원
- 주요 주주 : (주)모두넷(24.0%), 한원건설(10.0%)

- 임원 : 대표이사 이현 외 3 명
- 종업원수 : 15명
- 주요 업무 : 부동산정보, 시장조사 · 용역, 부동산컨설팅

7) (주) 나라 감정평가법인(제2001-7호)

- 상호 : 주식회사 나라감정평가법인
- 주소 : 서울 종로구 적선동 80 적선 현대 빌딩 808호
- 전화 : (02)737-8871, 팩스 : (02)739-2871
- 대 표 자 : 황종하
- 설 립 일 : 2000년 12월 22일
  (나라감정평가법인과 나라부동산자문 합병)
- 자 본 금 : 1,162백만 원
- 주요 주주 : 황종하(1.34%) 외 80명
- 임원 : 대표이사 황종하 외 20명
- 종업원수 : 190명
- 주요 업무 : 감정평가, 부동산컨설팅, 부동산 관리 · 중개 · 임대 외

8) 프라임감정평가법인(주)(제2002-9호)

- 상호 : 프라임감정평가법인 주식회사
- 주소 : 서울시 강남구 대치동 1008-4 새마을운동중앙회 5층
- 전화 : (02)556-8002, 팩스 : (02)556-5815
- 대 표 자 : 신종웅
- 설 립 일 : 2000년 5월 27일
- 자 본 금 : 10억 원

- 주요 주주 : 프라임에셋어드바이저스(주) (80.0%)
- 임원 : 대표이사 신종웅 외 3명
- 종업원수 : 10명
- 주요 업무 : 감정평가업, 부동산자문업, 부동산 중개·관리업 외

9) 코리아에셋 인베스트먼트(주)(제2002-10호)

- 상호 : 코리아에셋인베스트먼트 주식회사
- 주소 : 서울시 강남구 삼성동 158-23
- 전화 : (02)6202-3000, 팩스 : (02)6202-3010
- 대 표 자 : 조명래, 유재은
- 설 립 일 : 2000년 6월 21일
- 자 본 금 : 100억 93백만 원
- 주요 주주 : 유재은(47.41%), 우림건설(주) (4.95%), 대림산업(주) (4.46%), 현대건설(주) (4.46%)
- 임원 : 대표이사 조명래, 유재은 외 7명
- 종업원수 : 40명
- 주요 업무 : 주택건설업, 컨설팅업, 부동산개발금융, 시행대리사무 프랜차이즈, e-business, 국내외 금융 관련업 외

10) 휘닉스개발투자(주)(제2002-11호)

- 상호 : 휘닉스개발투자 주식회사
- 주소 : 서울시 강남구 대치동 946-1 글라스타워 30층
- 전화 : (02)527-9496, 팩스 : (02)527-9415
- 대 표 자 : 박문수

- 설 립 일 : 2000년 1월 18일
- 자 본 금 : 21억 6,291만 원
- 주요 주주 : 홍정욱(34.16%), 홍정화(20.40%), 홍석규(19.88%), 홍석조(10.51%), (주)한국문화진흥공사(9.25%)
- 임원 : 대표이사 박문수 외 3명
- 종업원수 : 13명
- 주요 업무 : 관광컨설팅사업, 부동산 개발 및 컨설팅업, 부동산 투자 운용에 필요한 조사·분석 및 정보제공업, 부동산 투자운용에 관한 자문 및 평가 등의 사업 외

11) 신성부동산투자자문(주)(제2002-12호)

- 상호 : 신성부동산투자자문 주식회사
- 주소 : 서울시 강남구 역삼동 703-5 서일프라자 7층
- 전화 : (02)564-5209, 팩스 : (02)564-5281
- 대 표 자 : 임명웅
- 설 립 일 : 2001년 8월 28일
- 자 본 금 : 10억 원
- 주요 주주 : 임명웅(20.0%), 허경(20.0%), 김준형(15%)
- 임원 : 대표이사 임명웅 외 7명
- 종업원수 : 10명
- 주요 업무 : 부동산 시장 조사업, 부동산 자문 및 평가업, 컨설팅업 외

12) (주)대일에셋 감정평가법인 (제2002-13호)

- 상　　호 : 주식회사 대일에셋감정평가법인
- 주　　소 : 서울시 서초구 서초동 1343 해창 빌딩 4층
- 전　　화 : (02)2105-6500, 팩스 : (02)2105-6565
- 대 표 자 : 이경도
- 설 립 일 : 2000년 5월 18일
- 자 본 금 : 22억 80백만 원
- 주요 주주 : 이경도(1.3%) 외 각 1.3%씩 75명
- 임　　원 : 대표이사 이경도 외 10명
- 종업원수 : 234명
- 주요 업무 : 동산·부동산·기타 재산의 감정평가에 관한 업무, 부동산에 대한 투자자문 및 운용에 관한 업무 등

13) (주)신영에셋 (제2002-14호)

- 상　　호 : 주식회사 신영에셋
- 주　　소 : 서울시 강남구 삼성동 159-1 아셈타워 3층
- 전　　화 : (02)6001-2700, 팩스 : (02)6001-2727
- 대 표 자 : 정춘보
- 설 립 일 : 1995년 7월
- 자 본 금 : 10억 원
- 주요 주주 : (주)신영(55%), 정춘보(40%)
- 임　　원 : 대표이사 정춘보 외 3명
- 종업원수 : 45명
- 주요 업무 : 부동산투자회사의 투자운용에 대한 자문업, 부동산컨설팅 및 관련 용역업, 부동산 자산의 투자운용에 관한 조사, 해외 투자회사 관련 컨설팅업, 레저시설 개발 분양 및 임대업 등

14) IBCS에셋플러스(주)(제2002-15호)

- 상호 : IBCS에셋플러스 주식회사
- 주소 : 서울시 영등포구 여의도동 13-21 맨하탄21 빌딩 607호
- 전화 : (02)6333-7545, 팩스 : (02)6333-7544/(02)973-3052
- 대표자 : 안완석
- 설립일 : 2002년 1월 18일
- 자본금 : 10억 원
- 주요 주주 : IBCS(주) (50.0%), 안완석(39.0%)
- 임원 : 대표이사 안완석 외 3명
- 종업원수 : 6명
- 주요 업무 : 부동산투자자문, 저당권 등 유동화자산 거래 및 자문

15) (주)정일감정평가법인(제2002-16호)

- 상호 : 주식회사 정일감정평가법인
- 주소 : 서울시 서초구 반포동 1-8
- 전화 : (02)535-1811, 팩스 : (02)535-1815
- 대표자 : 백일현
- 설립일 : 2001년 7월 2일
- 자본금 : 10억 89백만 원
- 주요 주주 : 백일현 외 64명 각 1.52%
- 임원 : 대표이사 백일현 외 7명
- 종업원수 : 166명(감정평가사 71명 외)
- 주요 업무 : 동산·부동산·기타 재산의 감정평가에 관한 업무, 부동산 등에 관한 상담 및 용역제공 업무, 부동산에 대한 투자자문 및 운용에 관한 업무, 부동산컨설팅 및 보상컨설팅 업무 등

16) 저스트알(주) (제2004-17호)

- 상호 : 저스트알 주식회사
- 주소 : 서울시 강남구 역삼동 784-13 동우 빌딩 3층
- 전화 : (02)564-7576, 팩스 : (02)508-5600
- 대표자 : 홍성진
- 설립일 : 2000년 9월 1일
- 자본금 : 10억 원
- 주요 주주 : 우림건설(주) (20%), 홍성진(19%), 김우희(17.5%)
- 임원 : 대표이사 홍성진 외 3명
- 종업원수 : 24명(임원 제외)
- 주요 업무 : 부동산 제반 컨설팅업, 부동산투자신탁 및 투자자문업, 부동산 관련 자산운용업, 부동산 관련 사무수탁업, 부동산 이용 및 개발에 관한 조사 · 지도 · 상담업, 부동산 관련 세미나 · 교육 · 정기간행물 발간 등

17) 유니에셋(주) (제2004-18호)

- 상호 : 유니에셋 주식회사
- 주소 : 서울시 강남구 삼성동 150-30
- 전화 : (02)2124-4852, 팩스 : (02)2124-4809
- 대표자 : 이만호
- 설립일 : 2000년 4월 11일
- 자본금 : 43억 4,000만 원
- 주요 주주 : 소프트뱅크파이낸스(30.71%), 삼성물산(11.87%), 이코넥스(7.94%), 아파망숍(7.94%) 등
- 임원 : 대표이사 이만호 외 7명

- 종업원수 : 86명(임원 제외)
- 주요 업무 : 인터넷콘텐츠 개발사업 및 인터넷 정보처리, 정보제공업, 부동산중개업 관련 프랜차이즈 모집 및 관리업, 인터넷 부동산 중개 및 임대, 매매관리업, 부동산 분양

참 조 | 부동산투자자문회사 업무폐지 신고

2005년 2월 24일 건설교통부

- '부동산투자회사법' 제23조의 규정에 의하여 우리 부에 부동산투자자문회사로 등록한 '신성부동산투자자문회사'가 영업부진 및 자본잠식 등을 이유로 업무폐지를 신고(2005. 2. 23.)하였기에 알려 드리니 착오 없으시기 바랍니다.
- 현재, 동 회사는 업무폐지를 위한 절차를 진행중이며, 등록증은 업무폐지 신고시 반납하였습니다.
- 업무폐지는 이사회 및 주주총회 개최, 업무폐지 공고 등의 절차를 거치게 됩니다.

3. 자산운용전문인력 교육기관 현황

◈ 지정회사 : 5개사

2005. 3. 1. 현재

일련번호	회 사 명	대표자	인가일	지정유효기 간	연 락 처	
					주소	전화번호
1	중앙일보 조인스랜드(주)	최영진	'02. 9. 6.	지정일부터 3년간	서울시 중구 순화동 7번지	(02)751-9410
2	특별법인 한국증권업협회	오호수	'02.11. 4.	〃	서울시 영등포구 여의도동 45-2	(02)2003-9300
3	사단법인 한국부동산 투자자문협회	강석천	'03. 1.10.	〃	서울시 강남구 삼성동 171-2	(02)553-8990
4	부동산114(주)	이상영	'03. 4. 8.	〃	서울시 강남구 삼성동 159-9	(02)2016-5147
5	한국생산성본부 사회능력개발원	김원근	'03. 5. 22.	〃	서울시 종로구 적선동 122-1	(02)734-6513

1) 중앙일보 조인스랜드(주)

회사개요

- 상호 : 중앙일보 조인스랜드 주식회사
- 주소 : 서울시 중구 순화동 7번지
- 전화 : (02)751-9410, 팩스 : (02)751-9414
- 대 표 자 : 최영진
- 설 립 일 : 2000년 8월 11일

- 자 본 금 : 313백만 원
- 주요 주주 : 중앙일보사(주) (31.9%), 조인스닷컴(주) (19%) 외
- 임원 : 대표이사 최영진 외 3명
- 주요 업무 : 부동산포털사이트 운영, 부동산교육, 부동산콘텐츠공급 사업 등

2) 특별법인 한국증권업협회

협회개요

- 상호 : 특별법인 한국증권업협회
- 주소 : 서울시 영등포구 여의도동 45-2
- 전화 : (02)2003-9300, 팩스 : (02)761-3630
- 대표자 : 오호수
- 설립일 : 1997년 6월 30일
- 임원 : 대표이사 오호수 외 13명
- 종업원수 : 265명
- 주요 업무 : 협회중개시장의 개설 및 운영, 증권에 관한 전문지식 보급을 위한 증권연수원의 설치운영, 전문인력의 운영 및 관리, 연구용역 및 출판, 매매업무 등

3) 사단법인 한국부동산투자자문협회

협회개요

- 상호 : 사단법인 한국부동산투자자문협회
- 주소 : 서울시 강남구 삼성동 171-2
- 전화 : (02)553-8990, 팩스 : (02)553-8991

- 대 표 자 : 강석천
- 설 립 일 : 2002년 1월 22일
- 임원 : 회장 강석천 외 3명
- 정회원수 : 48개사
- 주요 업무 : 부동산투자자문제도 · 기법 등의 조사연구, 부동산투자자문에 관한 홍보 및 자료제공, 자산운용전문인력의 양성 및 회원 교육 · 훈련 등

4) 부동산114(주)

회사개요

- 상호 : 부동산114 주식회사
- 주소 : 서울시 강남구 삼성동 159-9
- 전화 : (02)2016-5147, 팩스 : (02)2016-5115
- 대 표 자 : 이상영
- 설 립 일 : 1999년 5월 28일
- 자 본 금 : 14억 2,553만 원
- 주요 주주 : 이상영(28.09%), 미래에셋캐피탈(13.84%) 등
- 임원 : 대표이사 이상영 외 3명
- 종업원수 : 87명
- 주요 업무 : 부동산컨설팅업, 부동산 시장조사, 용역서비스업, 부동산 정보수집 및 제공업, 제조 출판업, 각종 부대사업 등

5) 한국생산성본부 사회능력개발원(주)

회사개요
- 상호 : 한국생산성본부 사회능력개발원 주식회사
- 주소 : 서울시 종로구 적선동 122-1
- 전화 : (02)734-6513, 팩스 : (02)736-7999
- 대표자 : 김원근
- 설립일 : 1987년 6월 8일
- 임원 : 대표이사 김원근 외 2명
- 주요 업무 : 중소기업에 대한 사업성 평가를 위한 용역사업, 중소기업에 대한 경영 및 기술 향상을 위한 용역사업, 중소기업을 위한 각종 교육사업, 긱종 출판인쇄 및 이벤트 사업

4. 투 자 설 명 서

〈한화 마스터피스 부동산투자신탁 1호〉

이 투자설명서는 "한화 마스터피스 부동산투자신탁 1호"에 대한 자세한 내용을 담고 있습니다. 따라서 "한화 마스터피스 부동산투자신탁1호" 수익증권의 인수청약을 하기 전에 반드시 이 투자설명서를 읽어보시기 바랍니다.

1. **투자신탁명** : 한화 마스터피스 부동산투자신탁 1호
2. **투자신탁의 종류** : 폐쇄형, 단위형, 부동산 간접투자기구
3. **자산운용회사명(주소, 전화번호)** : 한화투자신탁운용(주)
   홈페이지 : http://www.koreatrust.co.kr/
   주소 : 서울시 영등포구 여의도동 23-5
   전화 : (02)3772-6000
4. **판매회사명(주소, 전화번호)** : 동양종합금융증권(주)
   홈페이지 : http://www.myasset.com
   주소 : 서울시 중구 을지로2가
   전화 : (02)3770-2000
5. **작성기준일** : 2004년 12월 22일
6. **투자설명서 비치 및 공시장소**
   판매회사 본점 및 영업점, 자산운용회사 및 판매회사 홈페이지

금융감독위원회는 투자신탁 수익증권의 발행을 승인하거나 투자설명서 내용의 정확성 및 적정성을 보증하지 않습니다. 또한 투자신탁 수익증권은 실적 배당 상품으로 투자원금의 손실이 발생할 수도 있으므로 투자에 신중을 기하여 주시기 바랍니다.

투자설명서 요약

이 투자설명서 요약은 본 투자설명서 전체에 대한 사항을 간략히 요약한 것입니다. 각 부분에 대하여 보다 구체적으로 알기 원하는 투자자께서는 본 투자설명서 본문의 내용을 반드시 읽어 보시기 바랍니다.

I. 당해 투자신탁에 관한 사항

투자신탁의 명칭	한화 마스터피스 부동산투자신탁 1호
최초설정일	2004년 12월 일
수탁고(기준일)	해당사항 없음
투자목적	이 투자신탁은 시행사로부터 수취하는 대출이자를 주된 수익원으로 하는 상품으로서 시공사의 지급보증을 통해 부동산투자에 따른 안정성은 확보되어 있으나, 환매가 제한됨으로써 상장을 통한 매매가 가능하나 환매가 자유로운 다른 투자신탁에 비해 환금성이 제약됩니다. 그러나 이 투자신탁의 투자목적이 반드시 달성된다는 보장은 없습니다.
주요 투자대상	부동산에의 투자 및 자금대여는 신탁재산 자산총액의 60% 이상 채권에의 투자는 신탁재산 자산총액의 40% 이하 어음에의 투자는 신탁재산 자산총액의 40% 이하
투자실적	해당사항 없음

II. 수익증권의 판매·환매 및 투자수익의 분배에 관한 사항

주된 투자권유 대상	이 투자신탁은 시행사로부터 수취하는 대출이자를 주된 수익원으로 하는 상품으로서 부동산 개발회사인 시행사에 자금을 대여해주는 것과 같은 리스크에 노출되며, 환금성이 제약되고 장기간의 투자가 요구됩니다. 따라서 이러한 리스크를 충분히 이해할 수 있는 장기적인 투자자에게 적합합니다.
수익증권의 매입	수익증권의 판매가격은 투자자가 이 수익증권의 취득을 위하여 자금을 납입한 영업일의 다음영업일에 공고되는 기준가격으로 합니다. 다만, 이 투자신탁을 최초로 설정하는 때에는 투자신탁 최초설정일의 기준가격으로 합니다.
환매	환매불가(다만 신탁약관 제34조의 수익자총회의 의결에 반대하는 수익자가 신탁약관에 따라 수익증권의 매수청구시 관련 규정에 따라 환매청구일로부터 제10영업일로부터 제10영업일의 기준가격으로 환매)
환매수수료	없음

Ⅲ. 수수료, 보수 및 비용

구 분	구 분	지급비율 (또는 지급금액)	지급시기	비 고
수익자가 부담하는 비용	환매수수료	-	-	
	합 계	-	-	
	기 타	실 비		
투자신탁이 부담하는 비용	자산운용회사 보수	연 1000분의 3.75	매3개월	
	판매회사 보수	연 1000분의 8.75	매3개월	
	수탁회사 보수	연 1000분의 0.5	매3개월	
	합 계	연 1000분의 13.0	-	

※ 자산운용회사 보수, 판매회사 보수 및 수탁자 보수는 신탁재산의 순자산가치 (NAV) 변동에 따라 다소 유동적입니다.
※ 위 예시내용은 투자자의 이해를 돕기 위하여 환매수수료 및 보수 위주로 작성된 것이며, 실제 수익률이나 비용은 달라질 수 있습니다.
※ 보다 상세한 내용의 이해를 위하여 투자설명서 본문을 읽어보시기 바랍니다.

Ⅳ. 투자신탁 소득의 과세

- 투자신탁에 대한 과세

  수익자에게 분배되는 이익분배금 및 상환금은 투자신탁의 투자신탁재산에 편입되어 있는 채권 등에서 발생하는 이자·배당소득 및 투자증권의 매매차익 등을 원천으로 합니다. 이러한 이익분배금 및 상환금은 수익자에게 지급되는 시점에서 세제상 이자소득 또는 배당소득으로 과세하게 됩니다. 만일 투자신탁재산에 이자 및 배당 등이 유입되는 시점에서 과세가 된다면 이중과세의 결과를 초래하게 됩니다. 따라서 이러한 이중과세를 방지하기 위해 세법에서는 투자신탁재산에 대해서는 과세하지 아니합니다. 다만 채권 등의 이자소득은 신탁재산을 내국법인으로 보아 원천징수한 후 다시 신탁재산으로 환급받도록 하고 있습니다.

- 수익자에 대한 과세(수익자별 과세율)

  수익자에 대한 과세율은 다음과 같습니다.

고객구분		
개 인	일반법인	금융기관
과세표준의 16.5%(주민세 포함)	과세표준의 15%	과세표준의 0%

  ※ 관계 법령의 개정에 의거 변경될 수 있으며, 개정시 관련 법령에 따릅니다.

V. 자산운용회사 및 투자신탁의 관계인에 관한 사항

- 자산운용회사명(연락처) : 한화투자신탁(주)(02-3772-6000)
- 판매회사명(연락처) : 동양종합금융증권(주)(02-3770-2000)
- 수탁회사명(연락처) : (주)우리은행(02-2002-3000)
- 일반 사무관리회사명(연락처) : 해당사항 없음
- 채권평가회사명(연락처) : KIS채권평가(02-3770-0400), 한국채권평가(02-399-3950), 나이스채권평가(02-739-3590)
- 간접투자기구평가회사명 : 해당사항 없음

  ※ 상기 사항은 투자설명서의 요약이므로 보다 자세한 사항의 이해를 위해서는 투자설명서 본문을 읽어보시기 바랍니다.

당해 투자신탁에 관한 사항

★ 투자신탁의 개요, 투자목적 및 전략 등

1. 당해 투자신탁의 개요

가. 명 칭 : 한화 마스터피스 부동산투자신탁 1호
나. 신탁계약 체결일 : 2004년 12월   일
다. 자산운용회사명 : 한화투자신탁운용(주)
라. 연락처 : 서울시 영등포구 여의도동 23-5(전화 : 02-3772-6000)
마. 투자신탁의 구조 :

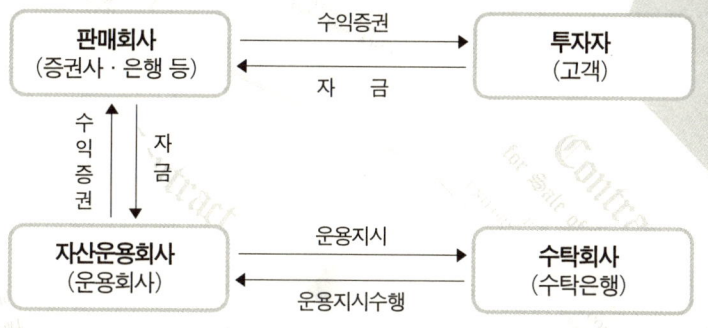

2. 투자목적

이 투자신탁은 시행사로부터 수취하는 대출이자를 주된 수익원으로 하는 상품으로서 시공사의 지급보증을 통해 부동산투자에 따른 안정성은 확보되어 있으나, 환매가 제한됨으로써 상장을 통한 매매가 가능하나 환매가 자유로운 다른 투자신탁에 비해 환금성이 제약됩니다. 그러나 이 투자신탁의 투자목적이 반드시 달성된다는 보장은 없으며, 자산운용회사·수탁회사·판매회사 등 이 투자신탁과 관련된 어떠한 당사자도 투자원금의 보장 또는 투자목적의 달성을 보장하지 아니합니다.

3. 투자전략 및 자산운용의 기본방침

가. 자산운용의 기본방침
- 자산의 대부분을 부동산개발회사인 시행사에 프로젝트 파이낸싱을 통하여 고정금리를 받고 자금을 대여한다.

나. 주요 투자전략
- 부동산에 등 투자전략 : 자산의 대부분을 부동산개발회사인 시행사에 프로젝트 파이낸싱을 통하여 고정금리를 받고 자금을 대여한다. 시행사의 대출금에 대한 지급보증이 되는 구조를 지니고 있어 장기적으로 수익자의 이익을 안정적으로 증대하고자 한다.
- 기타 자산 투자전략 : 자산의 대부분을 부동산과 관련된 자금대여에 투자함으로써 부동산 외의 투자자금을 최소화하며 나머지 자산은 이 투자신탁의 관련비용 등을 위한 유동성이 높은 자산 위주로 운용한다.

4. 주요 투자대상 및 투자계획

가. 주요 투자대상

투자대상	투자비율	투자대상 세부설명
① 부동산 및 자금대여	신탁재산 자산총액의 60% 이상	〈부동산〉 - 법 제2조 제1호 다목의 규정에 의한 부동산 〈자금대여〉 - 법 시행령 제130조 제1항의 규정에 의한 부동산의 개발과 관련된 사업을 영위하는 법인에게 부동산 관련 사업에 대한 자금의 대여(이하 '자금대여'라 한다). 이 경우 자금대여는 다음 각목의 1의 요건을 갖추어야 하고 담보가액 또는 보증금액은 대여금 이상의 금액으로 채권을 회수하기 위하여 충분한 금액이어야 한다. 가. 부동산에 대하여 담보권을 설정할 것 나. 신탁법에 따라 부동산이 신탁된 경우로서 그 신탁의 수익자가 되거나, 그 신탁에 대한 수익권에 대하여 질권을 설정할 것 다. 시공사 등으로부터 대여금 상환액의 지급이 보증될 것(시행사가 대출계약상의 채무를 이행하지 않는 것이 일정한 기간 계속될 경우 시공사가 시행사로부터 동 투자신탁에 대한 채무를 인수한다는 약정을 체결한 경우 이를 포함한다)
② 채 권	신탁재산 자산총액의 40% 이하	증권거래법 제2조 제1항 제1호 내지 제4호의 규정에 의한 국채증권, 지방채증권, 특별한 법률에 의하여 설립된 법인이 발행한 채권, 사채권(신용평가등급이 A- 이상이어야 하며 사모사채권을 제외한다)
③ 어 음	신탁재산 자산총액의 40% 이하	법 시행령 제6조의 규정에 의한 금융기관이 발행·매출 또는 중개한 어음·채무증서 또는 증권거래법시행령 제2조의3 제4호의 규정에 의한 어음으로서 신용등급이 A2- 이상인 것
④ 단기대출 및 금융기관에의 예치	환매를 원활하게 하고 투자대기자금을 효율적으로 운용하기 위하여 필요한 경우	단기대출은 30일 이내의 금융기관간 단기자금거래에 의한 자금공여를 말하며, 금융기관에의 예치는 만기 1년 이내인 상품에 한한다.

다음의 경우에는 ①~④의 투자한도를 적용하지 아니한다. 다만, 다음 제5호의 사유에 해당하는 경우에는 투자비율을 위반한 날부터 15일 이내에, 제6호의 사유에 해당하는 경우에는 투자비율을 위반한 날로부터 3월 이내에 그 투자한도에 적합하도록 해야 한다.
1. 투자신탁 최초설정일부터 1월간
2. 투자신탁 회계기간 종료일 이전 1월간
3. 투자신탁 계약기간 종료일 이전 1월간
4. (삭제)
5. 투자신탁재산인 투자증권 등의 가격변동으로 ①~④의 규정을 위반하게 되는 경우
6. 부동산 및 자금대여에 투자 · 운용함에 있어 일부가 본래의 투자기간 또는 계약기간보다 조기에 만료되는 경우

나. 부동산 투자계획

A. 개요

- 이 투자신탁은 인천광역시 서구 불로토지구획정리사업지구 39블록의 시행사인 이토씨앤디(주)에 프로젝트 파이낸싱을 위한 투자신탁입니다.
- 사업성에 대해 철저한 사업분석과 다양한 대출자금 회수방안의 확보가 되어 안정성이 우수하고, 일반적인 시장금리보다 높은 수준의 수익률을 달성할 수 있는 대출채권으로 하여 수익성을 향상시켰습니다.

B. 부동산투자신탁의 구조

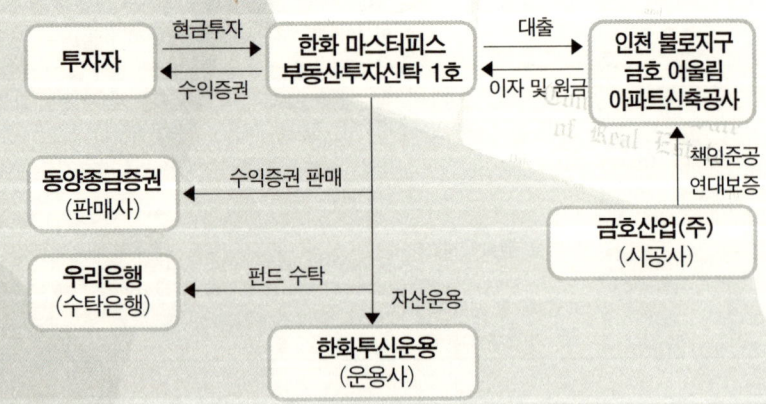

C. 불로토지구획정리사업지구 금호 어울림아파트 개발사업의 개요

(1) 사업명 : 인천광역시 불로토지구획정리사업지구 금호 어울림아파트 개발사업
(2) 사업지 : 인천광역시 서구 불로토지구획정리사업지구 39블록
(3) 사업면적 : 총 20,187.70m²(6,104.94평)
(4) 용도 : 공동주택 및 부대복리시설
(5) 세대수 : 412세대
(6) 연면적의 합계 : 48,978.8313m²(14,816.0298평)
(7) 시공사 : 금호산업 주식회사

D. 사업추진 일정

- 2003년 3월 사업승인 접수
- 2003년 4월 보완서류 제출
- 2003년 12월 체비지 매각 요청
- 2004년 1월 체비지 매수요청 의견통보(문화재 발굴 관련 환지사용 승인 불가)
- 2004년 1월 체비지 매각 재요청 (환지사용과 관계없이 신청)
- 2004년 6월 군부대 협의 및 문화재 시발굴 완료, 체비지 매수계약 체결
- 2004년 7월 사업 승인 필
- 2004년 8월 사업변경 승인 필
- 2005년 2월 착공 및 분양
- 2007년 7월 공사 준공

E. 투자내용

(1) 투자형식 : 개발사업에 대한 프로젝트 파이낸싱(자금대출)
(2) 신탁자산 : 인천광역시 서구 불로토지구획정리사업지구 39블록 개발사업 대출채권
(3) 신탁자산의 대출일시(예정) : 2004년 12월 29일
(4) 신탁자산의 대출만기(예정) : 2004년 12월 29일부터 27개월
(5) 신탁자산의 대출이율 : 연 8.4%(이자는 매1개월 단위 후취)

F. 투자금 회수

(1) 원금 상환 : 분양수입금으로 입금 후부터 만기까지 불균등 분할 상환
  - 대출금 인출일로부터 6개월 응당월의 말일 : 50억 원

- 대출금 인출일로부터 12개월 응당월의 말일 : 50억 원
- 대출금 인출일로부터 19개월 응당월의 말일 : 50억 원
- 대출금 인출일로부터 27개월 응당월의 말일 : 50억 원

G. 대출채권의 채권확보 방안

(1) 사업부지에 대한 추가적인 담보 제공을 방지하기 위해 다올부동산신탁(주)에 담보신탁을 설정하였으며 설정비율은 대출금액의 120%입니다. 분양개시시 담보신탁은 해지될 예정이며 대한주택보증(주)의 분양보증으로 변경될 예정이다.

(2) 시행사의 채무불이행사유 발생시에는 대출금의 연대보증 및 시행사의 모든 권리 및 의무에 대하여 시공사인 금호산업 주식회사가 승계하도록 약정하였다.

H. 위험요인 및 채권보전조치

- 시행사가 사업인허가를 받지 못하는 경우 : 인천광역시 검단개발사업소가 주관한 불로토지구획정리사업지구로서 기 사업인허가 완료를 인하여 사업인허가 리스크가 없다.
- 시행사의 사업지연 위험 : 인허가 기 완료로 인하여 사업지연 리스크가 없다.
- 시행사의 채무불이행 위험 : 시행사의 인허가 취득 불가능, 약정위반, 부도 등의 채무불이행 사유가 발생할 수 있다. 이 경우는 시공사인 금호산업 주식회사가 대출금의 연대보증 및 시행사의 모든 권리 및 의무를 승계하기로 약정하였다.

※ 부동산 실물매입과 관련한 공지사항
- 펀드에서 매입한 부동산(실물)은 수탁은행 명의로 등기를 해야 합니다. 하지만 현행 법률상 수탁은행 명의로 등기를 하기 어려운 상황이 발생할 경우 법적 여건이 해소될 때까지 실물 부동산의 매입이 상당기간 지연될 수 있습니다.
- 또한 보유 부동산(실물)에 대한 세금 납부와 관련하여 현행 법률상 수탁은행 명의로 세금을 납부하는 것이 어려운 상황이 발생할 경우에도 법적 여건이 해소될 때까지 실물 부동산의 매입이 상당기간 지연될 수 있습니다.

5. 부동산투자회사법 개정내용

부동산투자회사법 중 개정법률(안) 입법예고

1. 개정이유

부동산에 대한 건전한 간접투자를 활성화하기 위하여 부동산투자회사의 형태를 다양화하고, 설립·영업활동에 대한 규제를 완화하는 등 현행 제도의 운영상 나타난 미비점을 개선 보완하려는 것이다.

2. 주요 내용

가. 일반적인 부동산을 투자대상으로 하고 자산의 투자운용을 자산관리회사에게 위탁하는 위탁관리 부동산투자회사를 새로 도입하여, 기존의 상근 임직원을 두고 자산을 직접 운용·관리하는 자기관리 부동산투자회사와 기업이 구조조정을 위해 매각하는 부동산을 대상으로 설립하는 기업구조조정 부동산투자회사와 함께 회사의 형태를 다양하게 운용하여, 설립시 회사의 사정에 따라 부동산투자회사의 회사형을 자율적으로 선택할 수 있도록 한다.

나. 부동산투자회사의 설립 최저자본금을 현행 500억 원에

서 250억 원으로 인하하여 부동산투자회사의 설립을 용이하게 하고, 중·소규모 부동산 등 다양한 부동산을 대상으로 투자가 가능하도록 한다.

다. 부동산투자회사의 설립 후, 개발사업 투자에 대한 건설교통부의 인가를 얻은 후, 자기자본의 30%에 한해 가능하였던 현물출자를, 설립시부터 상법상 주주총회의 특별결의의 승인요건으로 총자본금의 50% 이내에서 부동산 등으로 현물출자할 수 있도록 허용하여 투자대상 부동산을 적기에 확보토록 하고 설립시 상당 규모의 현금준비부담을 완화한다.

라. 부동산투자회사는 원칙적으로 차입이 금지되고 운영자금의 마련을 위해 일시적으로 허용하던 것을 자기자본의 2배의 범위 이내에서 차입 및 사채발행을 허용하여 부동산투자회사의 경영에 있어 재무자율성을 확대한다.

마. 기업구조조정 부동산투자회사에 대하여만 금융감독위원회의 감독권한을 인정하였으나, 부동산투자회사 및 자산관리회사 등 관련 기관에 대하여 건설교통부와 금융감독위원회가 공동으로 감독하고, 부동산투자회사 및 자산관리회사에 대해 내부 통제기준을 제정토록 하고, 자기관리 부동산투자회사와 자산관리회사는 준법감시인 제도를 도입하여 투자자의 보호를 강화한다.

3. 의견제출

이 개정법률(안)에 대하여 의견이 있는 단체 또는 개인은 2004년 5월 7일까지 다음 사항을 기재한 의견서를 건설교통부장관(토지정책과장)에게 제출하여 주시기 바라며, 입법예고안의 전문을 보고 싶으신 분은 건설교통부 홈페이지(http://www.moct.go.kr) 법령/입법예고란을 참고하시기 바랍니다.

가. 입법예고사항에 대한 의견(찬성 또는 반대의견과 그 이유)

나. 성명(법인 또는 단체인 경우에는 그 명칭과 대표자), 주소 및 전화번호

다. 보내실 곳 : 건설교통부 토지정책과〔주소 : (427-712) 경기도 과천시 중앙동 1번지, 전화 : (02)504-9121~2, 팩스 : (02)503-7397〕

공포일자 : 2004년 10월 22일 법률 : 제7243호

부동산투자회사법 중 개정법률

1. 개정이유

부동산투자회사의 설립 및 영업활동에 대한 규제를 완화하는 한편, 부동산투자회사의 형태를 다양화하여 부동산 시장의 선진화 및 부동산 간접투자의 활성화에 필요한 제도적 기반을 마련하려는 것이다.

2. 주요 내용

가. 부동산투자회사 종류의 세분화(법 제2조 제1호)
- 부동산투자회사를 자산의 투자·운용방법에 따라 자기관리 부동산투자회사·위탁관리 부동산투자회사 및 기업구조조정 부동산투자회사로 세분화한다.
- 부동산에 대한 투자형태를 다양화함으로써 부동산투자회사의 설립이 활성화될 것으로 기대된다.

나. 부동산투자회사 설립시 예비인가제도 도입(법 제5조 제2항)
- 부동산투자회사 설립인가를 받고자 하는 자는 주식인수 전에 건설교통부장관의 예비인가를 받도록 한다.
- 부동산투자회사 설립 과정의 투명성 및 예측가능성이

제고될 것으로 기대된다.
다. 부동산투자회사의 설립요건의 완화(법 제6조 및 제11조)
- 회사의 최저자본금을 500억 원에서 250억 원으로 인하하는 한편, 자본금의 50% 범위 이내에서는 현물출자에 의한 설립이 가능하도록 한다.
- 부동산투자회사의 설립을 용이하게 하여 진입장벽을 낮춤으로써 부동산투자회사의 설립을 용이하게 함과 동시에 투자대상 부동산의 적기 확보가 가능하게 되는 효과가 기대된다.

라. 부동산개발사업에 대한 건설교통부장관의 인가제도 폐지(법 제21조 및 제26조 제2항)
- 종전에는 부동산투자회사는 건설교통부장관의 인가를 받아 자기자본의 30% 범위 이내에서 부동산개발사업을 수행할 수 있었으나, 앞으로는 건설교통부장관의 인가 대신 주주총회의 결의를 받도록 하고 총자산을 기준으로 부동산개발사업에 투자할 수 있도록 한다.
- 부동산개발사업을 통한 적극적인 수익창출도 가능하도록 하고, 아울러 건설경기 활성화와 시중 부동자금을 부동산개발자금으로 흡수하는 효과가 기대된다.

마. 부동산투자회사에 대한 감독 강화(법 제39조의2 신설 및 제47조 제1항)
- 부동산투자회사에 대한 규제완화 및 자율성 확대에 따

라 동 회사에 대한 외부감독과 내부 통제장치를 강화할 필요가 있게 되었다.
- 부동산투자회사의 주주를 보호하기 위하여 금융감독위원회가 부동산투자회사 등에 관하여 감독할 수 있는 근거를 마련하는 한편, 부동산투자회사뿐만 아니라 자산관리회사도 내부 통제기준을 제정하도록 한다.
- 외부감독과 내부 통제장치를 강화함으로써 투자자 보호와 부동산투자회사제도의 건전한 발전이 기대된다.

3. 시행일

이 법은 공포 후 6월이 경과한 날부터 시행한다.

건설교통부공고 제2004-110호

부동산투자회사법을 개정함에 있어 국민에게 미리 알려 이에 대한 의견을 듣고자 그 개정 이유와 주요 내용을 행정절차법 제41조의 규정에 의하여 다음과 같이 공고한다.

2004년 4월 17일
건설교통부장관

부동산투자회사법시행령개정령(안) 입법예고

1. 개정이유

부동산에 대한 건전한 간접투자를 활성화하기 위하여 부동산투자회사의 인가절차를 명확히 규정하고, 부동산개발사업에 대한 투자범위를 확정하는 등 부동산투자회사 제도의 운영상의 미비점을 개선하려는 것이다.

2. 주요 내용

가. 부동산투자회사에 대한 예비인가의 검토시 당해 사업에 대한 실질적인 심사가 가능하도록 사업계획서 등 필요한 서류의 제출을 규정하고, 발기인 및 주요 출자자에 대한 관련 법령 위반여부 등 관계 기관의 사실확인을 요청할 수 있는 근거규정을 마련하며, 투자자의 보호장치 등을 심사요건으로 추가하여 부동산투자회사의 설립에 대한 철저한 검증을 통한 심사가 가능토록 하여 부실한 부동산투자회사의 설립을 사전에 방지할 수 있도록 한다.

나. 법률에서 부동산투자회사 자본금의 50%까지 허용된 현물출자의 객관성을 확보하기 위하여, 출자 대상 부동산의 가액을 평가하는 감정평가업자의 선정과 평가보

고서의 채택을 현물출자자가 배제한 발기인 또는 이사의 만장일치로 의결토록 하고, 평가업무를 수행한 감정평가업자가 현물출자 검사인으로 다시 선임되지 못하도록 규정한다.

다. 부동산투자회사의 위탁업무에 지장이 없는 범위 내에서 자산관리회사가 SOC펀드 및 프로젝트금융투자회사 등의 자산관리자 업무, 부동산투자회사의 일반적인 사무의 수탁 업무 등 겸업을 제한적으로 허용하여 자산관리회사가 부동산의 투자·운용의 전문성을 발휘할 수 있도록 하여 회사의 수익성이 제고되도록 한다.

라. 부동산투자회사가 총자산의 100%까지 부동산 개발에 대한 투자가 가능한 사업으로는 특별시·광역시 및 신도시의 중심 상권에서 건축허가를 받은 건축물의 신축 및 인수완공사업, 특정한 부동산 개발에 대한 공동사업 시행자의 지위가 부여될 수 있는 프로젝트금융투자회사의 지분 출자금액을 규정하여 확실한 수익성과 안전성이 보장되는 부동산 개발사업 부분에 부동산투자회사의 적극적인 투자를 유도한다.

마. 부동산투자회사 등의 임직원이 따라야 할 내부통제기준의 구체적인 준수사항과 위반시 처리사항을 규정하고, 준법감시인의 자격요건과 권한을 부여하여 투자자가 믿을 수 있는 기업문화를 조성할 수 있도록 한다.

3. 의견제출

이 시행령개정(안)에 대하여 의견이 있는 단체 또는 개인은 2004년 12월 24일까지 다음 사항을 기재한 의견서를 건설교통부장관(토지정책과장)에게 제출하여 주시기 바라며, 입법예고안의 전문을 보고 싶으신 분은 건설교통부 홈페이지(http : //www.moct.go.kr) 법령/입법예고란을 참고하시기 바랍니다.

가. 입법예고사항에 대한 의견(찬성 또는 반대의견과 그 이유)

나. 성명(법인 또는 단체인 경우에는 그 명칭과 대표자), 주소 및 전화번호

다. 보내실 곳 : 건설교통부 토지정책과〔주소 : (427-712) 경기도 과천시 중앙동 1번지, 전화 : (02)504-9121~2, 팩스 : (02)503-7397〕

부동산투자회사법시행규칙
일부개정령(안) 입법예고

〔공고번호 건설교통부공고 제2005-60호 예고날짜 2005. 2. 28.〕

◆ **건설교통부공고제2005-60호**

부동산투자회사법시행규칙을 개정함에 있어 국민에게 미리 알려 이에 대한 의견을 듣고자 그 개정 이유와 주요 내용을 행정절차법 제41조의 규정에 의하여 다음과 같이 공고한다.

2005년 2월 28일
건설교통부장관

부동산투자회사법시행규칙 일부개정령(안) 입법예고

1. 개정이유

부동산투자회사 및 자산관리회사에 대한 감독의 실효성을 확보하기 위하여 도입한 투자보고서 제출의무 위반에 대한 구체적인 과태료 부과기준을 정하는 등 현행 제도의 운영과정에서 나타난 일부 미비점을 개선 보완하려는 것이다.

2. 주요 내용

가. 부동산투자회사 및 자산관리회사에 대한 감독의 실효성을 확보하기 위하여 건설교통부장관 및 금융감독위원회에 투자보고서를 제출하지 아니한 경우 이를 제재토록 한다.

나. 감독기관에 대한 업무 또는 재산상의 자료 제출, 보고 또는 검사를 거부·방해하거나 거짓으로 자료 제출 또는 보고를 한 부동산투자회사 등을 제재토록 한다.

3. 의견제출

이 시행규칙 일부개정령(안)에 대하여 의견이 있는 단체 또는 개인은 2005년 3월 21일까지 다음 사항을 기재한 의견서를 건설교통부장관(토지정책과장)에게 제출하여 주시기 바라며, 입법예고안의 전문을 보고 싶으신 분은 건설교통부 홈페이지(http://www.moct.go.kr) 법령/입법예고란을 참고하시기 바랍니다.

가. 입법예고사항에 대한 의견(찬성 또는 반대의견과 그 이유)

나. 성명(법인 또는 단체인 경우에는 그 명칭과 대표자), 주소 및 전화번호

다. 보내실 곳 : 건설교통부 토지정책과〔주소 : (427-712) 경기도 과천시 중앙동 1번지, 전화 : (02)504-9121~2, 팩스 : (02)503-7397〕

건설교통부공고 제2004-305호

부동산투자회사법시행령을 개정함에 있어 국민에게 미리 알려 이에 대한 의견을 듣고자 그 개정이유와 주요 내용을 행정절차법 제41조의 규정에 의하여 다음과 같이 공고한다.

2004년 12월 3일
건설교통부장관

참고문헌 및 자료

- 김영준 : 『부동산간접투자와 REITs』. 도서출판 코윈, 2001. 9.
- 박원석·박용규 : 『REITs 도입의 영향과 정책과제』. 삼성경제연구소, 2000. 4.
- 한상원 : 『부동산금융, Iofficeworld 1권』. 2000. 5.

- 마이애셋자산운용투자자문주식회사 :「마이애셋부동산투자신탁 제1호 투자설명서」. 2004. 8.
- 맵스자산운용(주) :「맵스프론티어 부동산투자신탁 제1, 2, 3, 4, 5호 투자설명서」. 2004.
- 메리츠증권(주) :「교보-메리츠 퍼스트 CR 리츠 투자설명서」. 2001. 12.
- 「부동산투자회사 제도 도입에 관한 공청회 발표 자료」. 2000. 5.
- 한국투신운용(주) :「부자아빠베네하임 부동산 3 투자설명서」. 2004. 6.
- (주)코람코 :「코크렙 제1, 2, 3, 4, 5호 투자설명서」. 2004.
- KTB자산운용(주) :「KTB파주신도시부동산투자신탁 투자설명서」. 2004. 8.

- 건설교통부 홈페이지
- 법제처 홈페이지
- 자산운용협회 홈페이지
- 현대증권(주) 홈페이지

가림출판사 · 가림M&B · 가림Let's에서 나온 책들

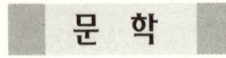

바늘구멍
켄 폴리트 지음 / 홍영의 옮김 / 신국판 / 342쪽 / 5,300원

레베카의 열쇠
켄 폴리트 지음 / 손연숙 옮김 / 신국판 / 492쪽 / 6,800원

암병선
니시무라 쥬코 지음 / 홍영의 옮김 / 신국판 / 300쪽 / 4,800원

첫키스는 얘기 말해도 될까
김정미 외 7명 지음 / 신국판 / 228쪽 / 4,000원

사미인곡 上·中·下 김충호 지음 / 신국판 / 각 권 5,000원

이내의 끝자리 박수완 스님 지음 / 국판변형 / 132쪽 / 3,000원

너는 왜 나에게 다가서야 했는지
김충호 지음 / 국판변형 / 124쪽 / 3,000원

세계의 명언 편집부 엮음 / 신국판 / 322쪽 / 5,000원

여자가 알아야 할 101가지 지혜
제인 아서 엮음 / 지창당 옮김 / 4×6판 / 132쪽 / 5,000원

현명한 사람이 읽는 지혜로운 이야기
이정민 엮음 / 신국판 / 236쪽 / 6,500원

성공적인 표정이 당신을 바꾼다
마츠오 도오루 지음 / 홍영의 옮김 / 신국판 / 240쪽 / 7,500원

태양의 법
오오카와 류우호오 지음 / 민병수 옮김 / 신국판 / 246쪽 / 8,500원

영원의 법
오오카와 류우호오 지음 / 민병수 옮김 / 신국판 / 240쪽 / 8,000원

석가의 본심
오오카와 류우호오 지음 / 민병수 옮김 / 신국판 / 246쪽 / 10,000원

옛 사람들의 재치와 웃음
강형중·김경익 편저 / 신국판 / 316쪽 / 8,000원

지혜의 쉼터
쇼펜하우어 지음 / 김충호 엮음 / 4×6판 양장본 / 160쪽 / 4,300원

헤세가 너에게
헤르만 헤세 지음 / 홍영의 엮음 / 4×6판 양장본 / 144쪽 / 4,500원

사랑보다 소중한 삶의 의미
크리슈나무르티 지음 / 최윤영 엮음 / 신국판 / 180쪽 / 4,000원

장자-어찌하여 알 속에 털이 있다 하는가
홍영의 엮음 / 4×6판 / 180쪽 / 4,000원

논어-배우고 때로 익히면 즐겁지 아니한가
신도희 엮음 / 4×6판 / 180쪽 / 4,000원

맹자-가까이 있는데 어찌 먼 데서 구하려 하는가
홍영의 엮음 / 4×6판 / 180쪽 / 4,000원

아름다운 세상을 만드는 사랑의 메시지 365
DuMont monte Verlag 엮음 / 정성호 옮김 / 4×6판 변형 양장본 / 240쪽 / 8,000원

황금의 법
오오카와 류우호오 지음 / 민병수 옮김 / 신국판 / 320쪽 / 12,000원

왜 여자는 바람을 피우는가?
기젤라 룬테 지음 / 김현성·진정미 옮김 / 국판 / 200쪽 / 7,000원

식초건강요법 건강식품연구회 엮음 / 신재용(해성한의원 원장) 감수
가장 쉽게 구할 수 있고 경제적인 식품이면서 상상할 수 없을 정도로 뛰어난 약효를 지닌 식초의 모든 것을 담은 건강지침서!
신국판 / 224쪽 / 6,000원

아름다운 피부미용법 이순희(한독피부미용학원 원장) 지음
피부조직에 대한 기초 이론과 우리 몸의 생리를 알려줌으로써 아름다운 피부, 젊은 피부를 오래 유지할 수 있는 비결 제시!
신국판 / 296쪽 / 6,000원

버섯건강요법 김병각 외 6명 지음
종양 억제율 100%에 가까운 96.7%를 나타내는 기적의 약용버섯 등 신비의 버섯을 통하여 암을 치료하고 비만, 당뇨, 고혈압, 동맥경화 등 각종 성인병 예방을 위한 생활 건강 지침서!
신국판 / 286쪽 / 8,000원

성인병과 암을 정복하는 유기게르마늄
이상현 편저 / 캬오 샤오이 감수
최근 들어 각광을 받고 있는 새로운 치료제인 유기게르마늄을 통한 성인병, 각종 암의 치료에 대해 상세히 소개.
신국판 / 312쪽 / 9,000원

난치성 피부병 생약효소연구원 지음
현대의학으로도 치유불가능했던 난치성 피부병인 건선·아토피(태열)의 완치요법이 수록된 건강 지침서. 신국판 / 232쪽 / 7,500원

新 방약합편 정도명 편역
자신의 병을 알고 증세에 맞춰 스스로 처방을 할 수 있고 조제할 수 있는 보약 506가지 수록. 신국판 / 416쪽 / 15,000원

자연치료의학 오홍근(신경정신과 의학박사·자연의학박사) 지음
대한민국 최초의 자연의학박사가 밝힌 신비의 자연치료의학으로 자연산물을 이용하여 부작용 없이 치료하는 건강 생활 비법 공개!! 신국판 / 472쪽 / 15,000원

약초의 활용과 가정한방 이인성 지음
주변의 흔한 식물과 약초를 활용하여 각종 질병을 간편하게 예방·치료할 수 있는 비법제시. 신국판 / 384쪽 / 8,500원

역전의학 이시하라 유미 지음 / 유태종 감수
일반상식으로 알고 있는 건강상식에 대해 전혀 새로운 관점에서 비판하고 아울러 새로운 방법들을 제시한 건강 혁명 서적!!
신국판 / 286쪽 / 8,500원

이순희식 순수피부미용법 이순희(한독피부미용학원 원장) 지음
자신의 피부에 맞는 관리법으로 스스로 피부관리를 할 수 있는 방법을 제시하고 책 속 부록으로 천연팩 재료 사전과 피부 타입별 팩 고르기. 신국판 / 304쪽 / 7,000원

21세기 당뇨병 예방과 치료법 이현철(연세대 의대 내과 교수) 지음
세계 최초 유전자 치료법을 개발한 저자가 당뇨병과 대항하여 가장 확실하게 이길 수 있는 당뇨병에 대한 올바른 이론과 발병시 대처 방법을 상세히 수록! 신국판 / 360쪽 / 9,500원

신재용의 민의학 동의보감 신재용(해성한의원 원장) 지음
주변의 흔한 먹거리를 이용해 신비의 명약이나 보약으로 활용할 수 있는 건강 지침서로서 저자가 TV나 라디오에서 다 밝히지 못한 한방 및 민간요법까지 상세히 수록!! 신국판 / 476쪽 / 10,000원

치매 알면 치매 이긴다 배오성(백상한방병원 원장) 지음
B.O.S.요법으로 뇌세포의 기능을 활성화시키고 엔돌핀의 분비효과를 극대화시켜 증상에 맞는 한약 처방을 병행하여 치매를 치유하는 획기적인 치유법 제시. 신국판 / 312쪽 / 10,000원

21세기 건강혁명 밥상 위의 보약 생식 최경순 지음
항암식품으로, 다이어트식으로, 젊고 탄력적인 피부를 유지할 수 있게 해주는 자연식으로의 생식을 소개하여 현대인들의 건강 길라잡이가 되도록 하였다. 신국판 / 348쪽 / 9,800원

기치유와 기공수련 윤한홍(기치유 연구회 회장) 지음
누구나 노력만 하면 개발할 수 있고 활용할 수 있는 기 수련 방법과 기치유 개발 방법 소개. 신국판 / 340쪽 / 12,000원

만병의 근원 스트레스 원인과 치치 김지혁(김지혁한의원 원장) 지음
만병의 근원인 스트레스를 속속들이 파헤치고 예방법까지 속시원하게 제시!! 신국판 / 324쪽 / 9,500원

김종성 박사의 뇌졸중 119 김종성 지음
우리나라 사망원인 1위. 뇌졸중 분야의 최고 권위자인 저자가 일상생활에서의 건강관리부터 환자간호에 이르기까지 뇌졸중의 예방, 치료법 등 모든 것 수록. 신국판 / 356쪽 / 12,000원

탈모 예방과 모발 클리닉 장정훈·전재홍 지음
미용적인 측면과 우리가 일상적으로 고민하고 궁금해 하는 털에 관한 내용들을 다양하고 재미있게 예들을 들어가면서 흥미롭게 풀어간 것이 이 책의 특징. 신국판 / 252쪽 / 8,000원

구태규의 100% 성공 다이어트 구태규 지음
하이틴 영화배우의 다이어트 체험서. 저자만의 다이어트법을 제시하면서 바람직한 다이어트에 대해서도 알려준다. 건강하게 날씬해지고 싶은 사람들을 위한 필독서! 4×6배판 변형 / 240쪽 / 9,900원

암 예방과 치료법 이춘기 지음
암환자와 가족들을 위해서 암의 치료방법에서부터 합병증의 예방 및 암이 생기기 전에 알 수 있는 방법에 이르기까지 상세하게 해설해 놓은 책. 신국판 / 296쪽 / 11,000원

알기 쉬운 위장병 예방과 치료법 민영일 지음
소화기관인 위와 관련 기관들의 여러 질환을 발병 원인, 증상, 치료법을 중심으로 알기 쉽게 해설해 놓은 건강서. 신국판 / 328쪽 / 9,900원

이온 체내혁명 노보루 야마노이 지음 / 김병관 옮김
새로운 건강관리 이론으로 주목을 받고 있는 음이온을 통해 건강을 돌볼 수 있는 방법 제시. 신국판 / 272쪽 / 9,500원

여혈과 사혈요법 정지천 지음
침과 부항요법 등을 사용하여 모든 질병을 다스릴 수 방법과 우리 주변에서 흔하게 접할 수 있는 각 질병의 상황별 처치를 혈자리 그림과 함께 해설. 신국판 / 308쪽 / 12,000원

약손 경락마사지로 건강미인 만들기 고정환 지음
경락과 민족 고유의 정신 약손을 결합시킨 약손 성형경락 마사지로 수술하지 않고도 자신이 원하는 부위를 고치는 방법을 제시하는 건강 미용서. 4×6배판 변형 / 284쪽 / 15,000원

정유정의 LOVE DIET 정유정 지음
널리 알려진 온갖 다이어트 방법으로 살을 빼려고 노력했던 저자의 고통스러웠던 다이어트 체험담이 실려 있어 지금 살 때문에 고민하는 사람들이 가슴에 와 닿는 나만의 다이어트 계획을 나름대로 세울 수 있을 것이다. 4×6배판 변형 / 196쪽 / 10,500원

머리에서 발끝까지 예뻐지는 부분다이어트 신상만·김선민 지음
한약을 먹거나 침을 맞아 살을 빼는 방법, 아로마요법을 이용한 다이어트법, 운동을 이용한 부분만 해소법 등이 실려 있으므로 나에게 맞는 방법을 선택하고 날씬하고 예쁜 몸매를 만들 수 있을 것이다. 4×6배판 변형 / 196쪽 / 11,000원

알기 쉬운 심장병 119 박승정 지음
심장병에 관해 심장질환이 생기는 원인, 증상, 치료법을 중심으로 내용을 상세하게 해설해 놓은 건강서. 신국판 / 248쪽 / 9,000원

알기 쉬운 고혈압 119 이정균 지음
생활 속의 고혈압에 관해 일반인들이 관심을 가지고 예방할 수 있도록 고혈압의 원인, 증상, 합병증 등을 상세하게 해설해 놓은 건강서. 신국판 / 304쪽 / 10,000원

여성을 위한 부인과질환의 예방과 치료 차선희 지음
남에게는 말할 수 없는 증상들로 고민하고 있는 여성들을 위해 부인암, 골다공증, 빈혈 등 부인과질환을 원인 및 치료방법을 중심으로 설명한 여성건강 정보서. 신국판 / 304쪽 / 10,000원

알기 쉬운 아토피 119 이승규·임승엽·김문호·안유일 지음
감기처럼 흔하지만 암만큼 무서운 아토피 피부염의 원인에서부터 증상, 치료방법, 임상사례, 민간요법을 적용한 환자들의 경험담 등 수록. 신국판 / 232쪽 / 9,500원

120세에 도전한다 이권행 지음
아프지 않고 건강하게 오래 살기를 바라는 현대인들에게 우리 체질에 맞는 식생활습관, 심신 활동, 생활습관, 체질별·나이별 양생법을 소개. 장수하고픈 독자들의 궁금증을 풀어줄 것이다. 신국판 / 308쪽 / 11,000원

건강과 아름다움을 만드는 요가 정판식 지음
책을 보고서 집에서 혼자서도 할 수 있는 요가법 수록. 각종 질병에 따른 요가 수정체조법도 담았으며, 별책 부록으로 한눈에 보는 요가 차트 수록. 4×6배판 변형 / 224쪽 / 14,000원

우리 아이 건강하고 아름다운 롱다리 만들기 김성훈 지음
키 작은 우리 아이를 롱다리로 만드는 비법공개. 식사습관과 생활습관만의 변화로도 키를 크게 할 수 있으므로 키 작은 자녀를 둔 부모의 고민을 해결해 준다. 대국전판 / 236쪽 / 10,500원

알기 쉬운 허리디스크 예방과 치료 이종서 지음
전문가들의 의견, 허리병의 치료에서 가장 중요한 운동치료, 허리디스크와 요통에 관해 언론에서 잘못 소개한 기사나 과장 보도한 기사, 대상이 광범위함으로써 생기고 있는 사이비 의술 및 상업적인 의술을 시행하는 상업적인 병원 등을 소개함으로써 허리병을 앓고 있는 사람들에게 정확하고 올바른 지식을 전달하고자 하는 길라잡이서. 대국전판 / 336쪽 / 12,000원

소아과 전문의에게 듣는 알기 쉬운 소아과 119
신영규·이강우·최성항 지음
새내기 엄마, 아빠를 위해 올바른 육아법을 제시하고 각종 질병에 대한 치료법 및 예방법, 응급처치법을 소개. 4×6배판 변형 / 280쪽 / 14,000원

피가 맑아야 건강하게 오래 살 수 있다 김영찬 지음
현대인이 앓고 있는 고혈압, 당뇨병, 심장병 등은 피가 끈적거리고 혈관이 너덜거려서 생기는 질병이다. 이러한 성인병을 치료하려면 식이요법, 생활습관 개선 등을 통해 피를 맑게 해야 한다. 이 책에서는 피를 맑게 하기 위해 필요한 처방, 생활습관 개선법을 한의학적 관점에서 상세하게 설명하고 있다. 신국판 / 256쪽 / 10,000원

웰빙형 피부 미인을 만드는 나만의 셀프 피부건강 양해원 지음
모든 사람들이 관심 있어 하는 피부 관리를 집에서 할 수 있게 해주는 실용서. 집에서 간단하게 만들 수 있는 화장수, 팩 등을 소개하여 손안의 미용서 역할을 하고 있다. 대국전판 / 144쪽 / 10,000원

내 몸을 살리는 생활 속의 웰빙 항암 식품 이승남 지음
암=사형 선고라는 고정 관념을 깨자는 전제 아래 우리 밥상에서 흔히 볼 수 있는 먹거리로 암을 예방하며 치료하는 방법 소개. 암환자와 그 가족들에게 희망을 안겨 줄 것이다.
대국전판 / 248쪽 / 9,800원

마음한글, 느낌한글 박완식 지음
훈민정음의 창제원리를 이용한 한글명상, 한글요가, 한글체조로

지금까지의 요가나 명상과는 차원이 다른 더욱 더 효과적인 수련으로 이제 당신 앞에 새로운 세계가 펼쳐진다.
4×6배판 / 300쪽 / 15,000원

웰빙 동의보감식 발마사지 10분 최미희 지음, 신재용 감수
발이 병나면 몸에도 병이 생긴다. 우리 몸 중에서 가장 천대받으면서도 가장 많은 일을 하는 발을 새롭게 인식하는 추세에 맞추어 발을 가꾸어 건강을 지키는 방법 제시. 각 질병별 발마사지 방법, 부위를 구체적으로 설명하고 있다. 텔레비전을 보면서 하는 15분의 발마사지가 피로를 풀어주고 건강을 지켜줄 것이다.
4×6배판 변형 / 204쪽 / 13,000원

아름다운 몸, 건강한 몸을 위한 목욕 건강 30분 임하성 지음
우리가 흔히 대수롭지 않게 여기고 하는 습관 중에 하나가 목욕일 것이다. 그러나 이제 목욕도 건강과 관련시켜 올바른 방법으로 해야 한다. 웰빙 시대, 웰빙 라이프에 맞는 올바른 목욕법을 피부 관리 및 우리들의 생활 패턴에 맞추어 제시해 본다.
대국전판 / 176쪽 / 9,500원

내가 만드는 한방생주스 60 김영섭 지음
일반적인 과일·야채 주스에서 21가지 한약재로 기본 음료를 만들어 맛과 영양을 고루 갖춘 최초의 웰빙 한방 건강음료 만드는 법 60가지 수록!! 각 음료마다 만드는 법과 효능을 실어 우리 가족 건강을 지키는 건강지침서의 역할을 한다. 국판 / 112쪽 / 7,000원

몸을 살리는 건강식품 백은희·조창호·최양진 지음
스트레스에 시달리는 현대인들에게 자연 영양소를 공급해 주는 건강기능식품에 관한 상세한 정보를 담고 있다. 나에게 필요한 영양소는 어떤 것이 있으며, 어떻게 섭취했을 때 가장 큰 효과를 얻을 수 있는 지 등을 조목조목 설명해 놓은 것이 눈에 띈다.
신국판 / 384쪽 / 11,000원

건강도 키우고 성적도 올리는 자녀 건강 김진돈 지음
자녀를 둔 부모라면 가장 먼저 생각하는 것이 자녀의 건강일 것이다. 특히 수험생을 둔 부모라면 그 관심은 말로 단정지을 수 없다. 수험생 자신이나 부모가 알아야 할 평소 건강 관리법, 제일 이겨내기 힘든 계절인 여름철 건강 관리법, 조심해야 할 질병들에 대해 예방법, 치료법을 상세하게 소개하고 있다.
신국판 / 304쪽 / 12,000원

알기 쉬운 간질환 119 이관식 지음
간염이 있는 사람이 술잔을 돌릴 경우 간염이 전염될까? 우리는 간이 소중한 존재임을 알면서도 혹사시키는 일이 많다. 간염 전염 및 간경화, 간암 등에 대한 잘못된 지식을 제대로 잡아주고 간과 관련된 병을 예방하는 법, 병에 걸렸을 때 치료하고 관리하는 법 등을 상세히 수록하여 간을 건강하게 지킬 수 있도록 해준다.
신국판 / 264쪽 / 11,000원

밥으로 병을 고친다 허봉수 지음
우리가 하루 세 끼 식사에서 대하는 밥상이 우리의 건강을 지켜주는 최고의 건강지킴이다. 이 간단 명료한 진리를 알면서도 우리는 다른 방법으로 건강을 지키려고 한다. 건강을 지키는 일은 어렵고 특별한 일이 아니라 보통의 밥상에서 지킬 수 있는 일임을 강조하고 거기에 맞는 실제 사례를 제시하여 비슷한 사례에서 응용할 수 있게 내용을 구성하고 있다. 대국전판 / 352쪽 / 13,500원

알기 쉬운 신장병 119 김형규 지음
신장병은 특별한 증상이 없어 조기진단이 힘들다고 한다. 그러나 진단과 치료의 혜택으로 완치를 할 수 있는 병이라고도 한다. 일상 생활에서 신장병을 파악하는 자가진단법, 신장병을 검사하고 치료하는 방법, 신장병과 관련 있는 질병들을 일반인들이 이해하기 수준에서 설명하고 있다. 또한 신장병과 관련 있는 생활 속 의 정보를 부록으로 수록하여 내용의 깊이를 더해 주고 있다.
신국판 / 240쪽 / 값 10,000원

교 육

우리 교육의 창조적 백색혁명
원상기 지음 / 신국판 / 206쪽 / 6,000원

현대생활과 체육
조창남 외 5명 공저 / 신국판 / 340쪽 / 10,000원

퍼펙트 MBA IAE유학네트 지음 / 신국판 / 400쪽 / 12,000원

유학길라잡이Ⅰ-미국편
IAE유학네트 지음 / 4×6배판 / 372쪽 / 13,900원

유학길라잡이Ⅱ- 4개국편
IAE유학네트 지음 / 4×6배판 / 348쪽 / 13,900원

조기유학길라잡이.com
IAE유학네트 지음 / 4×6배판 / 428쪽 / 15,000원

현대인의 건강생활
박상호 외 5명 공저 / 4×6배판 / 268쪽 / 15,000원

천재아이로 키우는 두뇌훈련 나카마츠 요시로 지음 / 민병수 옮김
머리가 좋은 아이로 키우기 위한 환경 만들기, 식사, 운동 등 연령별 두뇌 훈련법 소개. 국판 / 288쪽 / 9,500원

두뇌혁명 나카마츠 요시로 지음 / 민병수 옮김
『뇌내혁명』 하루야마 시게오의 추천작!! 어른들을 위한 두뇌 개발서로, 풍요로운 인생을 만들기 위한 '뇌'와 '몸' 자극법 제시.
4×6판 양장본 / 288쪽 / 12,000원

테마별 고사성어로 익히는 한자
김경익 지음 / 4×6배판 변형 / 248쪽 / 9,800원

生生 공부비법 이은승 지음
국내 최초 수학과의 수석의 주인공 이은승이 개발한 자기만의 맞춤식 공부학습법 소개. 공부를 하는 법을 알면 목표를 달성할 수 있다고 용기를 북돋우어 주는 실전 공부 비법서.
대국전판 / 272쪽 / 9,500원

자녀를 성공시키는 습관만들기 배은경 지음
성공하는 자녀를 꿈꾸는 부모들이 알아야 할 자녀 교육법 소개. 부모는 자녀 인생의 주연이 아님을 알아야 하며 부모의 좋은 습관, 건전한 생각이 자녀의 성공 인생을 가져온다는 내용을 담은 부모 및 자녀 모두를 위한 자기 계발서. 대국전판 / 232쪽 / 9,500원

한자능력검정시험 2급 한자능력검정시험연구위원회 편저
국어사전식 단어 배열, 내용을 쉽게 이해할 수 있도록 도와 주는 일러스트, 기출 문제의 완전 분석을 바탕으로 한 예상 문제 수록 등 한자능력검정시험 2급을 준비하는 사람들을 위한 완벽 대비서.
4×6배판 / 472쪽 / 18,000원

한자능력검정시험 4급(4급Ⅱ) 한자능력검정시험연구위원회 편저
국어사전식 단어 배열, 4급 한자 1000자 필순 수록, 생활에서 활용할 수 있는 활용 한자 요점정리, 생활 속에서 자주 쓰이는 약자, 한자의 이해를 돕기 위한 일러스트와 유래 설명, 4급 한자 1000자를 응용한 한자 심화 학습, 기출 문제를 완전 분석한 후 그에 따라 엄선한 예상문제 수록 등 4급 한자 익히기와 시험에 대비하는 모든 사람들을 위한 완벽 대비서. 4×6배판 / 384쪽 / 15,000원

한자능력검정시험 5급 한자능력검정시험연구위원회 편저
국어사전식 단어 배열, 5급 한자 500자 필순 수록, 생활에서 활용할 수 있는 활용 한자 요점정리, 생활 속에서 자주 쓰이는 약자, 한자의 이해를 돕기 위한 일러스트와 유래 설명, 기출 문제를 완전 분석한 후 그에 따라 엄선한 예상문제 수록 등 5급 한자 익히기와 시험에 대비하는 모든 사람들을 위한 완벽 대비서.
4×6배판 / 316쪽 / 11,000원

한자능력검정시험 6급 한자능력검정시험연구위원회 편저

국어사전식 단어 배열, 6급 한자 300자 필순 수록, 생활에서 활용할 수 있는 활용 한자 요점정리, 한자의 이해를 돕기 위한 일러스트와 유래 설명, 기출 문제를 완전 분석한 후 그에 따라 엄선한 예상문제 수록 등 6급 한자 익히기와 시험에 대비하는 모든 사람들을 위한 완벽 대비서. 4×6배판 / 200쪽 / 8,500원

한자능력검정시험 7급 한자능력검정시험연구위원회 편저
국어사전식 단어 배열, 각 한자 배우기에 도움이 되는 일러스트를 곁들이고 한자의 구성 원리를 설명해 놓아 한자 배우기가 재미있고 쉽다. 또한 따라쓰기를 통해 한자 익히기를 완전하게 끝낼 수 있도록 하였으며 활용 예문을 다양하게 예시해 놓았다.
4×6배판 / 152쪽 / 7,000원

한자능력검정시험 8급 한자능력검정시험연구위원회 편저
8급 한자 50자에 대해 각 한자 배우기에 도움이 되는 일러스트를 곁들이고 한자의 구성 원리를 설명해 놓아 한자 배우기가 재미있고 쉽다. 또한 따라쓰기를 통해 기본 한자 익히기를 완전하게 끝낼 수 있도록 하였으며 기본 50개의 한자를 활용한 예문을 다양하게 예시해 놓았다. 4×6배판 / 112쪽 / 6,000원

취미·실용

김진국과 같이 배우는 와인의 세계 김진국 지음
포도주 역사에서 분류, 원료 포도의 종류와 재배, 양조·숙성·저장, 시음법, 어울리는 요리와 와인의 유통과 소비, 와인 시장의 현황과 전망, 와인 판매 요령, 와인의 보관과 재고의 회전, '와인 양조 비밀의 모든 것'을 동영상으로 담은 CD까지, 와인의 모든 것이 담긴 종합학습서. 국배판 변형양장본(올 컬러판) / 208쪽 / 30,000원

경제·경영

CEO가 될 수 있는 성공법칙 101가지
김승룡 편역 / 신국판 / 320쪽 / 9,500원

정보소프트 김승룡 지음 / 신국판 / 324쪽 / 6,000원

기획대사전 다카하시 겐코 지음 / 홍영의 옮김
기획에 관련된 모든 사항을 실례와 도표를 통하여 초보자에서 프로기획맨에 이르기까지 효율적으로 활용할 수 있도록 체계적으로 총망라하였다. 신국판 / 552쪽 / 19,500원

맨손창업·맞춤창업 BEST 74 양혜숙 지음
창업대행 현장 전문가가 추천하는 유망업종을 7가지 주제별로 나누어 수록한 맞춤창업서로 창업예비자들에게 창업의 길을 밝혀줄 발로 뛰면서 만든 실무 지침서!! 신국판 / 416쪽 / 12,000원

무자본, 무점포 창업! FAX 한 대면 성공한다
다카시로 고시 지음 / 홍영의 옮김 / 신국판 / 226쪽 / 7,500원

성공하는 기업의 인간경영 중소기업 노무 연구회 편저 / 홍영의 옮김
무한경쟁시대에서 각 기업들의 다양한 경영 실태 속에서 인사·노무 관리 개선에 있어서 기업의 효율을 높이고 발전을 이룰 수 있는 원칙을 제시. 신국판 / 368쪽 / 11,000원

21세기 IT가 세계를 지배한다 김광희 지음
21세기 화두로 떠오른 IT혁명의 경쟁력에 대해서 전문가의 논리적이고 철저한 해설과 더불어 매장 끝까지 실제 사례를 곁들여 설명.
신국판 / 380쪽 / 12,000원

경제기사로 부자아빠 만들기 김기태·신현태·박근수 공저
날마다 배달되는 경제기사를 꼼꼼히 챙겨보는 사람만이 현대생활에서 부자가 될 수 있다. 언론인의 현장감각과 학자의 전문성을 접목시킨 것이 이 책의 특성! 누구나 이 책을 읽고 경제원리를 체득, 경제예측을 할 수 있게 준비된 생활경제서적.
신국판 / 388쪽 / 12,000원

포스트 PC의 주역 정보가전과 무선인터넷 김광희 지음
포스트 PC의 주역으로 급부상하고 있는 정보가전과 무선인터넷 그리고 이를 구현하기 위한 관련 테크놀러지를 체계적으로 소개.
신국판 / 356쪽 / 12,000원

성공하는 사람들의 마케팅 바이블 채수명 지음
최근의 이론을 보완하여 내놓은 마케팅 관련 실무서. 마케팅의 정보전략, 핵심요소, 컨설팅실무까지 저자의 노하우와 창의적인 이론이 결합된 마케팅서. 신국판 / 328쪽 / 12,000원

느린 비즈니스로 돌아가라 사카모토 게이이치 지음 / 정성호 옮김
미국식 스피드 경영에 익숙해져 현실의 오류를 간과하고 있는 사람들을 위한 어떻게 팔 것인가보다 무엇을 팔 것인가를 설명하는 마케팅 컨설턴트의 대안 제시서! 신국판 / 276쪽 / 9,000원

적은 돈으로 큰돈 벌 수 있는 부동산 재테크 이원재 지음
700만 원으로 부동산 재테크에 뛰어들어 100배 불린 저자가 부동산 재테크를 계획하고 있는 사람들이 반드시 알아두어야 할 내용을 경험담을 담아 해설해 놓은 경제서. 신국판 / 340쪽 / 12,000원

바이오혁명 이주영 지음
21세기 국가간 경쟁부문으로 새로이 떠오르고 있는 바이오혁명에 관한 기초지식을 언론사에 몸담고 있는 현직 기자가 아주 쉽게 해설해 놓은 바이오 가이드서. 바이오 관련 용어 해설 수록.
신국판 / 328쪽 / 12,000원

성공하는 사람들의 자기혁신 경영기술 채수명 지음
자기 계발을 통한 신지식 자기경영마인드를 갖추어야 한다는 전제 아래 그 방법을 자세하게 알려주는 자기계발 지침서.
신국판 / 344쪽 / 12,000원

CFO 교텐 토요오·타하라 오키시 지음 / 민병수 옮김
일반인들에게 생소한 용어인 CFO, 즉 최고 재무책임자의 역할이 지금까지와는 완전히 달라져야 한다. 기업을 이끌어가는 새로운 키잡이로서의 CFO의 역할, 위상 등을 일본의 기업을 중심으로 하여 알아보고 바람직한 방향을 제시한다. 신국판 / 312쪽 / 12,000원

네트워크시대 네트워크마케팅 임동학 지음
학력, 사회적 지위 등에 관계 없이 자신이 노력한 만큼 돈을 벌 수 있는 네트워크마케팅에 관해 알려주는 안내서.
신국판 / 376쪽 / 12,000원

성공리더의 7가지 조건
다이앤 트레이시·윌리엄 모건 지음 / 지창영 옮김
개인과 팀, 조직관계의 개선을 위한 방향제시 및 실천을 위한 안내자 역할을 해주는 책. 현장에서 활용할 수 있는 실용서.
신국판 / 360쪽 / 13,000원

김종결의 성공창업 김종결 지음
누구나 창업을 할 수는 있지만 아무나 돈을 버는 것은 아니다라는 전제 아래 중견 연기자로서, 음식점 사장님으로 성공한 탤런트 김종결의 성공비결을 통해 창업전략과 성공전략을 제시한다.
신국판 / 340쪽 / 12,000원

최적의 타이밍에 내 집 마련하는 기술 이원재 지음
부동산을 통한 재테크의 첫걸음 '내 집 마련'의 결정판. 체계적이고 한눈에 쏙 들어오는 '내 집 장만 과정'을 쉽게 풀어놓은 부동산재테크서. 신국판 / 248쪽 / 10,500원

컨설팅 세일즈 Consulting sales 임동학 지음
발로 뛰는 영업이 아니라 머리로 하는 영업이 절실히 요구되는 시대 상황에 맞추어 고객지향의 세일즈, 과제해결 세일즈, 구매자와 공급자 간에 서로 만족하는 세일즈법 제시.
대국전판 / 336쪽 / 13,000원

연봉 10억 만들기 김농주 지음
연봉으로 말해지는 임금을 재테크 하여 부자가 될 수 있는 방법 제시. 고액의 연봉을 받기 위해서 개인이 갖추어야 할 실무적 능력,

태도, 마음가짐, 재테크 수단 등 각 주제에 따라 구체적으로 제시함으로써 부자를 꿈꾸는 사람들이 그 희망을 이룰 수 있게 해준다. 국판 / 216쪽 / 10,000원

주5일제 근무에 따른 한국형 주말창업 최효진 지음
우리나라 실정에 맞는 주말창업 아이템의 제시 및 창업시 필요한 정보를 얻을 수 있는 곳, 주의해야 할 점, 실전 인터넷 쇼핑몰 창업, 표준사업계획서 등을 수록하여 지금 당장이라도 내 사업을 할 수 있게 해주는 창업 길라잡이다. 신국판 변형 양장본 / 216쪽 / 10,000원

돈 되는 땅 돈 안되는 땅 김영준 지음
부동산 틈새시장에서 성공하는 투자 노하우를 신행정수도 예정지 및 고속철도 역세권 등 투자 유망지역을 중심으로 완벽하게 수록해 놓은 부동산 재테크서.
신국판 / 320쪽 / 13,000원

돈 버는 회사로 만들 수 있는 109가지 다카하시 도시노리 지음 / 민병수 옮김
회사경영에서 경영자가 꼭 알아야 할 기본 사항 수록. 내용이 항목별로 정리되어 있어 원하는 자료를 바로 찾아 볼 수 있는 것이 최대의 장점. 이 책을 통해서 불필요한 군살을 빼고 강한 근육질을 가진 돈 버는 회사를 만들어 보자. 신국판 / 344쪽 / 13,000원

프로는 디테일에 강하다 김미현 지음
탄탄하게 자리를 잡은 15군데 중소기업의 여성 CEO들이 회사를 운영하면서 겪은 어려움, 기쁨 등을 자서전 형식을 빌어 솔직 담백하게 애기했다. 예비 창업자들을 위한 조언, 경영 철학, 성공 요인도 담고 있어 창업을 준비하는 사람들에게 도움이 될 것이다.
신국판 / 248쪽 / 9,000원

머니투데이 송복규 기자의 부동산으로 주머니돈 100배 만들기 송복규 지음
재테크 수단으로 새롭게 각광 받고 있는 부동산을 이용한 재산 증식 방법 수록. 부동산 재료별 특성에 따른 맞춤 투자전략을 제시하고 알아두면 편리한 부동산 상식도 알려준다. 현직 전문 기자의 예리한 분석과 최신 정보가 담겨 있는 부동산재테크 가이드서.
신국판 / 328쪽 / 13,000원

성공하는 슈퍼마켓&편의점 창업 나명환 지음
슈퍼마켓이나 편의점을 창업하려고 하는 사람들을 위한 창업 가이드서. 어느 위치에 얼만한 크기로, 어떤 상품을 갖추고, 어떤 마인드로 창업하고 영업해야 대형할인점과의 경쟁에서 살아남을 수 있는지 등을 저자의 실제 경험과 통계, 전문가들의 의견을 바탕으로 상세하게 소개. 4×6배판 변형 / 500쪽 / 28,000원

대한민국 성공 재테크 부동산 펀드와 리츠로 승부하라 김영준 지음
새로운 재테크 수단으로 세간의 관심을 모으고 있는 부동산 펀드와 리츠에 관한 투자 안내서. 리스크 없이 투자에 성공하기 위해서 알아두어야 할 주의사항, 펀드 및 리츠 관련 상품 설명, 실제로 투자되고 있는 물건을 수록하여 책을 통해서 실전 투자감각을 익힐 수 있게 했다. 신국판 / 256쪽 / 값 12,000원

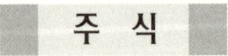

개미군단 대박맞이 주식투자 홍성걸(한양증권 투자분석팀 팀장) 지음
초보에서 인터넷을 활용한 주식투자까지 필자의 현장에서의 경험을 바탕으로 한 주식 성공전략의 모든 정보 수록.
신국판 / 310쪽 / 9,500원

알고 하자! 돈 되는 주식투자 이길영 외 2명 공저
일본과 미국의 주식시장을 철저한 분석과 데이터화를 통해 한국 주식시장에서의 투자의 흐름을 파악하여 지금 한국 주식시장에서의 확실한 성공전략 제시!! 신국판 / 388쪽 / 12,500원

항상 당하기만 하는 개미들의 매도·매수타이밍 999% 적중 노하우
강경무 지음
승부사를 꿈꾸며 와신상담하는 모든 이들에게 희망의 등불이 될 것을 확신하는 Jusicman이 주식시장에서 돈벌고 성공할 수 있는

비결 전격공개!! 신국판 / 336쪽 / 12,000원

부자 만들기 주식성공클리닉 이창희 지음
저자의 경험담을 섞어서 주식이란 무엇인가를 풀어서 써놓은 주식 입문서. 초보자와 자신을 성찰해볼 기회를 가지려는 기존의 투자자를 위하여 태어났다. 신국판 / 372쪽 / 11,500원

선물·옵션 이론과 실전매매 이창희 지음
선물과 옵션시장에서 일반인들이 실패하는 원인을 분석하고, 반드시 지켜야 할 투자원칙에 따라 유형별로 실전 매매 테크닉을 터득함으로써 투자를 성공적으로 할 수 있게 한 지침서!!
신국판 / 372쪽 / 12,000원

너무나 쉬워 재미있는 주가차트 홍성무 지음
주식시장에서는 차트 분석을 통해 주가를 예측하는 투자자만이 주식투자에서 성공하므로 차트에서 급소를 신속, 정확하게 뽑아내 매매타이밍을 잡는 방법을 알려주는 주식투자 지침서.
4×6배판 / 216쪽 / 15,000원

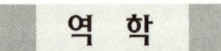

역리종합 만세력 정도명 편저 / 신국판 / 532쪽 / 10,500원
작명대전 정보국 지음 / 신국판 / 460쪽 / 12,000원
하락이수 해설 이천교 편저 / 신국판 / 620쪽 / 27,000원
현대인의 창조적 관상과 수상 백운산 지음 / 신국판 / 344쪽 / 9,000원
대운용신영부적 정재원 지음 / 신국판 양장본 / 750쪽 / 39,000원
사주비결활용법 이세진 지음 / 신국판 / 392쪽 / 12,000원
컴퓨터세대를 위한 新 성명학대전
박용찬 지음 / 신국판 / 388쪽 / 11,000원
길흉화복 꿈풀이 비법 백운산 지음 / 신국판 / 410쪽 / 12,000원
새천년 작명컨설팅 정재원 지음 / 신국판 / 492쪽 / 13,900원
백운산의 신세대 궁합 백운산 지음 / 신국판 / 304쪽 / 9,500원
동자삼 작명학 남시모 지음 / 신국판 / 496쪽 / 15,000원
구성학의 기초 문길여 지음 / 신국판 / 412쪽 / 12,000원

법률 일반

여성을 위한 성범죄 법률상식 조명원(변호사) 지음
성희롱에서 성폭력범죄까지 여성이었기 때문에 특히 말 못하고 당해야만 했던 이 땅의 여성들을 위한 성범죄 법률상식서. 사례별 법적 대응방법 제시. 신국판 / 248쪽 / 8,000원

아파트 난방비 75% 절감방법 고영근 지음
예비역 공군소장이 잘못 부과된 아파트 난방비를 최고 75%까지 줄일 수 있는 방법을 구체적인 법적 근거를 토대로 작성한 아파트 난방비 절감방법 제시. 신국판 / 238쪽 / 8,000원

일반인이 꼭 알아야 할 절세전략 173선 최성호(공인회계사) 지음
세법을 제대로 알면 돈이 보인다. 현직 공인중개사가 알려주는 합법적으로 세금을 덜 내고 돈을 버는 절세전략의 모든 것!
신국판 / 392쪽 / 12,000원

변호사와 함께하는 부동산 경매 최환주(변호사) 지음
새 상가건물임대차보호법에 따른 권리분석과 채무자나 세입자의 권리방어기법을 제시한다. 또한 새 민사집행법에 따른 각 사례별 해설도 수록. 신국판 / 404쪽 / 13,000원

혼자서 쉽고 빠르게 할 수 있는 소액재판 김재웅·김종철 공저
나홀로 소액재판을 할 수 있도록 소장작성에서 판결까지의 실제 재판과정을 상세하게 수록하여 이 책 한 권이면 모든 것을 완벽하

게 해결할 수 있다. 신국판 / 312쪽 / 9,500원

"술 한 잔 사겠다"는 말에서 찾아보는 채권·채무 변환철(변호사) 지음
일반인들이 꼭 알아야 할 채권·채무에 관한 법률 사항을 빠짐없이 수록. 신국판 / 408쪽 / 13,000원

알기쉬운 부동산 세무 길라잡이 이건우(세무서 재산계장) 지음
부동산에 관련된 모든 세금을 알기 쉽게 단계별로 해설. 합리적이고 탈세가 아닌 적법한 절세법 제시. 신국판 / 400쪽 / 13,000원

알기쉬운 어음, 수표 길라잡이 변환철(변호사) 지음
어음, 수표의 발행에서부터 도난 또는 분실한 경우의 공시최고와 제권판결에 이르기까지 어음, 수표 관련 법률사항을 쉽고도 상세하게 압축해 놓은 생활법률서. 신국판 / 328쪽 / 11,000원

제조물책임법 강동근(변호사)·윤종성(검사) 공저
제품의 설계, 제조, 표시상의 결함으로 소비자가 피해를 입었을 때 제조업자가 배상책임을 져야 하는 제조물책임 시대를 맞아 제조업자가 갖추어야 할 법률적 지식을 조목조목 설명해 놓은 법률서.
신국판 / 368쪽 / 13,000원

알기 쉬운 주5일근무에 따른 임금·연봉제 실무
문강분(공인노무사) 지음
최근의 행정해석과 판례를 중심으로 임금관련 문제를 정리하고 기업에서 관심이 많은 연봉제 및 성과배분제, 비정규직문제, 여성근로자문제 등의 이슈들과 주40시간제 법개정, 퇴직연금제 도입 등 최근의 법·시행령 개정사항을 모두 수록한 임금·연봉제실무 지침서. 4×6배판 변형 / 544쪽 / 35,000원

변호사 없이 당당히 이길 수 있는 형사소송 김대환 지음
우리 생활과 함께 숨쉬는 형사법 서식을 구체적인 사례와 함께 소개. 내 손으로 간결하고 명확한 고소장·항소장·상고장 등 형사소송서식을 작성할 수 있다. 형사소송 관련 서식 CD 수록.
신국판 / 304쪽 / 13,000원

변호사 없이 당당히 이길 수 있는 민사소송 김대환 지음
민사, 호적과 가사를 포함한 생활과 밀접한 관련이 있는 생활법률 전반을 보통 사람들이 가장 궁금해하는 내용을 위주로 하여 사례를 들어가며 아주 쉽게 풀어놓은 민사 실무서.
신국판 / 412쪽 / 14,500원

혼자서 해결할 수 있는 교통사고 Q&A 조명원(변호사) 지음
현실에서 본인이 아무리 원하지 않더라도 운명처럼 누구에게나 닥칠 수 있는 교통사고 문제를 사례, 각급 법원의 주요 판례와 함께 정리하여 일반인들도 쉽게 이해할 수 있도록 내용 구성.
신국판 / 336쪽 / 12,000원

생활법률

부동산 생활법률의 기본지식
대한법률연구회 지음 / 김원중(변호사) 감수 / 신국판 / 480쪽 / 12,000원

고소장·내용증명 생활법률의 기본지식
하태웅(변호사) 지음 / 신국판 / 440쪽 / 12,000원

노동 관련 생활법률의 기본지식
남동희(공인노무사) 지음 / 신국판 / 528쪽 / 14,000원

외국인 근로자 생활법률의 기본지식
남동희(공인노무사) 지음 / 신국판 / 400쪽 / 12,000원

계약작성 생활법률의 기본지식
이상도(변호사) 지음 / 신국판 / 560쪽 / 14,500원

지적재산 생활법률의 기본지식
이상도(변호사)·조의제(변리사) 공저 / 신국판 / 496쪽 / 14,000원

부당노동행위와 부당해고 생활법률의 기본지식
박영수(공인노무사) 지음 / 신국판 / 432쪽 / 14,000원

주택·상가임대차 생활법률의 기본지식
김운용(변호사) 지음 / 신국판 / 480쪽 / 14,000원

하도급거래 생활법률의 기본지식
김진흥(변호사) 지음 / 신국판 / 440쪽 / 14,000원

이혼소송과 재산분할 생활법률의 기본지식
박동섭(변호사) 지음 / 신국판 / 460쪽 / 14,000원

부동산등기 생활법률의 기본지식
정상태(법무사) 지음 / 신국판 / 456쪽 / 14,000원

기업경영 생활법률의 기본지식
안동섭(단국대 교수) 지음 / 신국판 / 466쪽 / 14,000원

교통사고 생활법률의 기본지식
박정무(변호사)·전병찬 공저 / 신국판 / 480쪽 / 14,000원

소송서식 생활법률의 기본지식
김대환 지음 / 신국판 / 480쪽 / 14,000원

호적·가사소송 생활법률의 기본지식
정주수(법무사) 지음 / 신국판 / 516쪽 / 14,000원

상속과 세금 생활법률의 기본지식
박동섭(변호사) 지음 / 신국판 / 480쪽 / 14,000원

담보·보증 생활법률의 기본지식
류창호(법학박사) 지음 / 신국판 / 436쪽 / 14,000원

소비자보호 생활법률의 기본지식
김성천(법학박사) 지음 / 신국판 / 504쪽 / 15,000원

판결·공정증서 생활법률의 기본지식
정상태(법무사) 지음 / 신국판 / 312쪽 / 13,000원

처세

성공적인 삶을 추구하는 여성들에게 우먼파워
조안 커너·모이라 레이너 공저 / 지창영 옮김
사회의 여성을 향한 냉대와 편견의 벽을 깨뜨리고 성공적인 삶을 이루려는 여성들이 갖추어야 할 자세 및 삶의 이정표 제시!!
신국판 / 352쪽 / 8,800원

聽 이익이 되는 말 話 손해가 되는 말
우메시마 미요 지음 / 정성호 옮김
직장이나 집안에서 언제나 주고받는 일상의 화제를 모아 실음으로써 대화의 참의미를 깨닫고 비즈니스를 성공적으로 이끌기 위한 대화술을 키우는 방법 제시!! 신국판 / 304쪽 / 9,000원

성공하는 사람들의 화술테크닉 민영욱 지음
개인간의 사적인 대화에서부터 대중을 위한 공적인 강연에 이르기까지 어떻게 말하고 어떻게 스피치를 할 것인가에 관한 지침서.
신국판 / 320쪽 / 9,500원

부자들의 생활습관 가난한 사람들의 생활습관
다케우치 야스오 지음 / 홍영의 옮김
경제학의 발상을 기본으로 하여 사람들이 살아가면서 생활에서 생각해 볼 수 있는 이익을 보는 생활습관과 손해를 보는 생활습관을 수록, 독자 자신에게 맞는 생활습관의 기본 전략을 설계할 수 있도록 제시. 신국판 / 320쪽 / 9,800원

코끼리 귀를 당긴 원숭이-히딩크식 창의력을 배우자 강충인 지음
코끼리와 원숭이의 우화를 히딩크의 창조적 경영기법과 리더십에 대비하여 자기혁신, 기업혁신을 꾀하는 창의력 개발법을 제시.
신국판 / 208쪽 / 8,500원

성공하려면 유머와 위트로 무장하라 민영욱 지음
21세기에 들어 새로운 추세를 형성하고 있는 말 잘하기. 이러한 추세에 맞추어 현재 스피치 강사로 활약하고 있는 저자가 말을 잘하

는 방법과 유머와 위트를 만들고 즐기는 방법을 제시한다.
신국판 / 292쪽 / 9,500원

등소평의 오뚝이전략 조장남 편저
중국 역사상 정치·경제·학문 등의 분야에서 최고 위치에 오른 리더들의 인재활용, 상황 극복법 등 처세 전략·전술을 통해 이 시대의 성공인으로 자리매김하는 해법 제시. 신국판 / 304쪽 / 9,500원

노무현 화술과 화법을 통한 이미지 변화 이현정 지음
현재 불교방송에서 활동하고 있는 이현정 아나운서의 화술 길라잡이서. 노무현 대통령의 독특한 화술과 화법을 통해 리더로서, 성공인으로서 갖추어야 할 화술 화법을 배우는 화술 실용서.
신국판 / 320쪽 / 10,000원

성공하는 사람들의 토론의 법칙 민영욱 지음
다양한 사람들의 다양한 욕구를 하나로 응집시키는 수단으로 등장하고 있는 토론에 관해 간단하고 쉽게 제시한 토론 길라잡이서.
신국판 / 280쪽 / 9,500원

사람은 칭찬을 먹고산다 민영욱 지음
현대에서 성공하는 사람으로 남기 위해서는 남을 칭찬할 줄도 알아야 한다. 성공하는 사람이 되기 위해서 알아야 할 칭찬 스피치의 기법, 특징 등을 실생활에 적용해 설명해놓은 성공처세 지침서.
신국판 / 268쪽 / 9,500원

사과의 기술 김농주 지음
미안하다는 말에 인색한 한국인들에게 "I' sorry."가 성공을 위한 처세 기법으로 다가온다. 직장, 가정 등 다양한 환경에서 사과 한 마디의 의미, 기능을 알아보고 효율성을 가진 사과가 되기 위해 갖추어야 할 조건을 제시한다. 신국판 변형 양장본 / 200쪽 / 10,000원

취업 경쟁력을 높여라 김농주 지음
각 기업별 특성 및 취업 정보 분석과 예비 취업자의 능력 개발, 자신의 적성에 맞는 직종과 직장을 잡는 법을 상세하게 수록.
신국판 / 280쪽 / 12,000원

명상

명상으로 얻는 깨달음 달라이 라마 지음 / 지창영 옮김
티베트의 정신적 지도자이자 실질적 지도자인 달라이 라마의 수많은 가르침 가운데 현대인에게 필요해지고 있는 인내에 대한 이야기. 국판 / 320쪽 / 9,000원

어학

2진법 영어 이상도 지음
2진법 영어의 비결을 통해서 기존 영어학습 방법의 단점을 말끔히 해소시켜 주는 최초로 공개되는 고효율 영어학습 방법. 적은 시간을 투자하여 영어의 모든 것을 획기적으로 향상시킬 수 있는 비법을 제시한다. 4×6배판 변형 / 328쪽 / 13,000원

한 방으로 끝내는 영어 고제윤 지음
일상생활에서의 이야기를 바탕으로 하는 영어강의로 영어문법은 재미없고 지루하다고 생각하는 이 땅의 모든 사람들의 상식을 깨면서 학습 효과를 높이기 위한 공부방법을 제시하는 새로운 영어학습. 신국판 / 316쪽 / 9,800원

한 방으로 끝내는 영단어 김승엽 지음 / 김수경·카렌다 감수
일상생활에서 우리가 무심코 던지는 영어 한마디가 당신의 영어수준을 드러낸다는 사실을 깨닫게 하는 영어 실용서. 풍부한 예문을 통해 참영어를 배우겠다는 사람, 무역업이나 관광 안내업에 종사하는 사람, 영어권 나라로 이민을 가려는 사람들에게 많은 도움을 줄 수 있다. 4×6배판 변형 / 236쪽 / 9,800원

해도해도 안 되던 영어회화 하루에 30분씩 90일이면 끝낸다
Carrot Korea 편집부 지음
온라인과 오프라인을 넘나들면서 영어학습자들의 각광을 받고 있는 린다의 현지 생활 영어 수록. 교과서에서 배울 수 없었던 생생한 실생활 영어를 90일 학습으로 모두 끝낼 수 있다.
4×6배판 변형 / 260쪽 / 11,000원

바로 활용할 수 있는 기초생활영어 김수경 지음
다양한 상황에 대처할 수 있도록 인사나 감정 표현, 전화나 교통, 장소 및 기타 여러 사항에 관한 기초생활영어를 총망라.
신국판 / 240쪽 / 10,000원

바로 활용할 수 있는 비즈니스영어 김수경 지음
해외 출장시, 외국에 바이어 접견시 기본적으로 사용할 수 있는 상황별 센텐스를 수록하여 해외 출장 준비 및 외국 바이어 접견을 완벽하게 끝낼 수 있게 했다. 신국판 / 252쪽 / 10,000원

생존영어55 홍일록 지음
살아 있는 영어를 익힐 수 있는 기회 제공. 반드시 알아야 할 핵심 센텐스를 저자가 미국 현지에서 겪었던 황당한 사건들과 함께 수록, 재미도 느낄 수 있다. 신국판 / 224쪽 / 8,500원

필수 여행영어회화 한현숙 지음
해외로 여행을 갔을 때 원어민에게 바로 통할 수 있는 발음 수록. 자신 있고 당당한 자기 표현으로 즐거운 여행을 할 수 있도록 손안의 가이드 역할을 해줄 것이다. 4×6판 변형 / 328쪽 / 7,000원

필수 여행일어회화 윤영자 지음
가깝고도 먼 나라라고 흔히 말해지는 일본을 제대로 알기 위해 노력하는 사람들에게 손안의 가이드 역할을 하는 실전 일어회화집. 일어 초보자들을 위한 한글 발음 표기 및 필수 단어 수록.
4×6판 변형 / 264쪽 / 6,500원

필수 여행중국어회화 이은진 지음
중국에서의 생활이나 여행에 꼭 필요한 상황별 회화, 반드시 알아야 할 1500여 개의 단어에 한자병음과 우리말 표기를 원음에 가깝게 달아 놓았으므로 든든한 도우미가 되어 줄 것이다.
4×6판 변형 / 256쪽 / 7,000원

영어로 배우는 중국어 김승엽 지음
중국으로 여행을 가거나 출장을 가는 사람들이 알아두어야 할 기초 생활 회화와 여행 회화를 영어, 중국어 동시에 익힐 수 있게 내용을 구성. 신국판 / 216쪽 / 9,000원

필수 여행스페인어회화 유연창 지음
은행, 병원, 교통 수단 이용하기 등 외국에서 직접적으로 맞닥뜨리게 되는 상황을 설정하여 바로바로 도움을 받을 수 있게 간단한 회화를 한글 발음 표기와 같이 수록하여 손안의 도우미 역할을 해줄 것이다. 4×6판 변형 / 288쪽 / 7,000원

바로 활용할 수 있는 홈스테이 영어 김형주 지음
일반 가정생활, 학교생활에서 꼭 알아야 할 상황별 회화·문법·단어를 수록, 유학생활 동안 원어민 가족과 살면서 영어를 좀더 쉽게 배울 수 있도록 알려주는 안내서. 신국판 / 184쪽 / 9,000원

레포츠

수열이의 브라질 축구 탐방 삼바 축구, 그들은 강하다 이수열 지음
축구에 대한 관심만으로 각 나라의 축구팀, 특히 브라질 축구팀에 애정을 가지고 브라질 축구팀의 전력 및 각 선수들의 장단점을 나름대로 분석하고 연구하여 자신의 의견을 피력하고 있는 축구 길라잡이서. 신국판 / 280쪽 / 8,500원

마라톤, 그 아름다운 도전을 향하여
빌 로저스·프리실라 웰치·조 헨더슨 공저 / 오인환 감수 / 지창영 옮김
마라톤에 입문하고자 하는 초보 주자들을 위한 마라톤 가이드서.

올바르게 달리는 법, 음식 조절법, 달리기 전 준비운동, 주자에게 맞는 프로그램 짜기, 부상 예방법을 상세하게 설명하고 있다.
4×6배판 / 320쪽 / 15,000원

퍼팅 메커닉 이근택 지음
감각에 의존하는 기존 방식의 퍼팅은 이제 그만!!
저자 특유의 과학적 이론을 신체근육 운동학에 접목시켜 몸의 무리를 최소화하고 최대한의 정확성과 거리감을 갖게 하는 새로운 퍼팅 메커닉 북. 4×6배판 변형 / 192쪽 / 18,000원

아마골프 가이드 정영호 지음
골프를 처음 시작하는 모든 아마추어 골퍼를 위해 보다 쉽고 빠르게 이해할 수 있도록 내용이 구성된 아마프 레슨 프로그램서.
4×6배판 변형 / 216쪽 / 12,000원

인라인스케이팅 100%즐기기 임미숙 지음
레저 문화에 새로운 강자로 자리매김하고 있는 인라인 스케이팅을 안전하고 재미있게 즐길 수 있도록 알려주는 인라인 스케이팅 지침서. 각단계별 동작을 한눈에 알아볼 수 있도록 세부 동작별 일러스트 수록. 4×6배판 변형 / 172쪽 / 11,000원

배스낚시 테크닉 이종건 지음
현재 한국배스쿨에서 강사로 활약하고 있는 아마추어 배스 낚시꾼이 중급 수준의 배스 낚시꾼들이 자신의 실력을 한 단계 업그레이드 시킬 수 있도록 루어의 활용, 응용법 등을 상세하게 해설.
4×6배판 / 440쪽 / 20,000원

나도 디지털 전문가 될 수 있다!!! 이승훈 지음
깜찍한 디자인과 간편하게 휴대할 수 있다는 장점 때문에 새로운 생활필수품으로 자리를 잡아가고 있는 디카·디캠을 짧은 시간 안에 쉽게 배울 수 있도록 해놓은 초보자를 위한 디카·디캠길라잡이서. 4×6배판 / 320쪽 / 19,250원

스키 100% 즐기기 김동환 지음
스키 인구의 확산 추세에 따라 스키의 기초 이론 및 기본 동작부터 상급의 기술까지 단계별 동작을 전문가의 동작사진을 곁들여 내용 구성. 4×6배판 변형 / 184쪽 / 12,000원

태권도 총론 하웅의 지음
우리의 국기 태권도에 관한 실용 이론서. 지도자가 알아야 할 사항, 태권도장 운영이론, 응급처치법 및 태권도 경기규칙 등 필수 내용만 수록. 4×6배판 / 288쪽 / 15,000원

건강하고 아름다운 동양란 기르기 난마을 지음
동양란 재배의 첫걸음부터 전시회 출품까지 동양란의 모든 것 수록. 동양란의 구조·특징·종류·감상법, 꽃대 관리·꽃 피우기·발색 요령 등 건강하고 아름다운 동양란 만들기로 구성.
4×6배판 변형 / 184쪽 / 12,000원

수영 100% 즐기기 김종만 지음
물 적응하기부터 수영용품, 수영과 건강, 응용수영 및 고급 수영기술에 이르기까지 주옥 같은 수중촬영 연속사진으로 자세히 설명해주는 수영기법 Q&A. 4×6배판 변형 / 248쪽 / 13,000원

애완견114 황양원 엮음
애완견 길들이기, 애완견의 먹거리, 멋진 애완견 만들기, 애완견의 질병 예방과 건강, 애완견의 임신과 출산, 애완견에 대한 기타 관리 등 애완견을 기를 때 반드시 알아야 할 내용 수록.
4×6배판 변형 / 228쪽 / 13,000원

건강을 위한 웰빙 걷기 이강옥 지음
건강 운동으로서 많은 사람들의 관심을 모으고 있는 걷기운동을 상세하게 설명. 걷기에 필요한 장비, 올바른 걷기 자세를 설명하고 고혈압·당뇨병·비만증·골다공증 등 성인병과 관련해 걷기운동을 했을 때 얻을 수 있는 효과를 수록하여 성인병을 예방하고 치료할 수 있도록 하였다. 대국전판 / 280쪽 / 10,000원

우리 땅 우리 문화가 살아 숨쉬는 옛터 이형권 지음
우리나라에서 가장 가보고 싶은 역사의 현장 19곳을 선정, 그 터에 어린 조상의 숨결과 역사적 증언을 만날 수 있는 시간 제공. 맛있는 집, 찾아가는 길, 꼭 가봐야 할 유적지 등 핵심 내용 선별 수록.
대국전판 올컬러 / 208쪽 / 9,500원

아름다운 산사 이형권 지음
우리나라의 대표적인 산사를 찾아 계절 따라 산사가 주는 이미지, 산사가 안고 있는 역사적 의미를 되새겨 본다. 동시에 산사를 찾음으로써 생활에 찌든 현대인들이 삶의 활력을 되찾는 시간을 갖게 한다. 대국전판 올컬러 / 208쪽 / 9,500원

골프 100타 깨기 김준모 지음
읽고 따라 하기만 해도 100타를 깰 수 있는 골프의 전략·전술의 비법 공개. 뛰어난 골프 실력은 올바른 그립과 어드레스에서 비롯됨을 강조하는 초보자를 위한 실전 골프 지침서.
4×6배판 변형 / 136쪽 / 10,000원

쉽고 즐겁게! 신나게! 배우는 재즈댄스 최재선 지음
몸치인 사람도 쉽게 따라 하고 배우는 재즈댄스 안내서. 이 책에 실려 있는 기본 동작을 익혀 재즈댄스를 하면 생활 속의 긴장과 스트레스를 털어버리고 활력을 되찾을 수 있으며, 다이어트 효과도 얻을 수 있다. 4×6배판 변형 / 200쪽 / 12,000원

맛과 멋이 있는 낭만의 카페 박성찬 지음
가족끼리, 연인끼리 추억을 만들고 행복한 시간을 보낼 수 있는 서울 근교의 카페를 엄선하여 소개. 카페에 대한 인상 및 기본 정보, 인근 볼거리 등도 함께 수록하여 손안의 인터넷 정보서가 될 수 있게 했다. 대국전판 올컬러 / 168쪽 / 9,900원

한국의 숨어 있는 아름다운 풍경 이종원 지음
우리 나라의 숨어 있는 아름다운 풍경을 찾아 소개하는 여행서. 저자의 여행 감상과 먹거리, 볼거리, 사람 사는 이야기가 담겨 있어 안내서라기보다는 답사기라고 할 수 있다. 서정과 사진이 풍부하게 담겨 있는 그곳에 가고 싶다 시리즈 4번째 책.
대국전판 올컬러 / 208쪽 / 9,900원

사람이 있고 자연이 있는 아름다운 명산 박기성 지음
산을 좋아하는 사람들을 위한 산 안내서. 한번쯤 가보면 좋을 산을 엄선하여 그 산이 갖는 매력을 서정성 짙은 글로 풀어 놓았다. 가는 방법과 둘러 보아야 할 곳도 덤으로 설명.
대국전판 올컬러 / 176쪽 / 12,000원

마음의 고향을 찾아가는 여행 포구 김인자 지음
일상 생활에서 벗어나고 싶다면 우리 국토의 진정한 아름다움을 느끼게 해주는 포구로 가보자. 그곳에서 사람냄새, 자연이 어우러진 역동성에 삶의 의욕을 되찾을 수 있을 것이다. 시인이자 여행가인 김인자 님이 소개하는 가볼 만한 대표적인 포구 20곳 수록. 볼거리, 먹거리와 함께 서정성 넘치는 글로 포구의 낭만, 삶의 현장을 소개. 대국전판 올컬러 / 224쪽 / 14,000원

골프 90타 깨기 김광섭 지음
90타를 깨고 싱글로 진입할 수 있게 해주는 실전 골프 테크닉서. 스트레칭, 세트 업, 드라이버 스윙, 샷, 어프로치, 퍼팅, 벙커 샷 등의 스윙 원리를 요점을 짚어 정리해 놓았으므로 골퍼 자신의 잘못된 스윙을 바로잡는데 많은 도움이 될 것이다. 또한 연습장에서 스윙 연습을 하는 방법도 수록해 골프의 재미를 한층 더 배가시켜 즐길 수 있게 하였다. 4×6배판 변형 / 148쪽 / 11,000원

대한민국 성공 재테크
부동산 펀드와 리츠로 승부하라

2005년 5월 10일 제1판 1쇄 발행

지은이/김영준
펴낸이/강선희
펴낸곳/가림출판사

등록/1992. 10. 6. 제4-191호
주소/서울시 광진구 구의동 57-71 부원빌딩 4층
대표전화/458-6451 팩스/458-6450
홈페이지 http://www.galim.co.kr
e-mail galim@galim.co.kr

값 12,000원

ⓒ 김영준, 2005

저자와의 협의하에 인지를 생략합니다.
무단 복제 · 전재를 절대 금합니다.

ISBN 89-7895-199-6 13320

가림출판사 · 가림M&B · 가림Let's 의 홈페이지(http://www.galim.co.kr)에 들어오시면 가림출판사 · 가림M&B · 가림Let's의 신간도서 및 출간 예정 도서를 포함한 모든 책들을 만나실 수 있습니다.
온라인 서점을 통하여 직접 도서 구입도 하실 수 있으며 가림 홈페이지 내에서 전국 대형 서점들의 사이트에 링크하시어 종합 신간 안내 및 각종 도서 정보, 책과 관련된 문화 정보를 받아보실 수 있습니다.
또한 홈페이지 방문시 회원으로 가입하시면 신간 안내 자료를 보내드립니다.